ジョブ型雇用はもう古い！

自営型で働く時代

太田 肇
Ohta Hajime

プレジデント社

まえがき

二〇二三年の春、日本中の人々を熱狂させたＷＢＣ（ワールドベースボールクラシック）、「侍ジャパン」の大活躍は私たちの記憶に新しい。日本戦の平均世帯視聴率（関東地区）は全試合で四〇％を超え、準々決勝のイタリア戦では、なんと四八％に達したそうである。昔に比べ野球人気に陰りが見られる昨今だけに、この数字は驚異的だ。

二〇一九年ラグビー、二〇二二年サッカーのワールドカップもまた、人々をテレビの前に釘付けにした。そこで目にした日本チームと代表選手の戦う姿には従来とひと味違うものがあり、それがいっそう人々の心を引きつけたようだ。

日本チームの活躍ぶりを目にした人のなかには、自分の職場やビジネスの世界と重ね合わせていた人も多かった。その証拠に大会直後の新聞やビジネス雑誌には、日本チームと企業におけるリーダーシップやマネジメントを結びつける記事があふれていた。

とりわけ「ニッポン大好き」の人たちは、活躍した日本チームの姿に絆やチームワークといった日本の強みを感じ取り、「メンバーシップ型」雇用の復活に自信を深めたのではないか。いっぽう国籍や所属の異なる選手からなるチーム編成や、期間限定で結集したところに注目した人は、欧米的な「ジョブ型」雇用に明るい未来の展望を見出したことだろう。実際に社会人学生が多い大学院の授業や、ビジネスパーソンを対象にした研修などで日本チームの話題を持ち出すと、必ずといってよいほどメンバーシップ型か、ジョブ型かという議論に発展したものだ。

「働き方改革」といえば数年前までは長時間労働の是正がメインテーマだったが、労働時間の短縮が急速に進んだ結果、主役の座はジョブ型の導入に移った感がある。ビジネスの世界でも、「日本の伝統的なメンバーシップ型から欧米式のジョブ型へ」というフレーズが、あたかも既定路線のように独り歩きしている。

しかし冷静に考えれば日本式のメンバーシップ型か、欧米式のジョブ型かという単純な二項対立図式が、いかに現実をとらえる視線をゆがめているかがわかるはずだ。たとえば日本人労働者のほぼ四割を占めるパート、アルバイト、派遣といった非正規従業員はメンバーシップ型よりジョブ型雇用に近いし、欧米企業でも上級管理職は

「ジョブ」というより「ミッション」に基づいて仕事をする。ついでにいえばアルバイトやインターネット経由で単発の仕事を請け負うギグワーカーの労働条件を見たら、ジョブ型の未来が必ずしもバラ色でないことは容易に想像できるだろう。

そもそも「既定路線」の先にあるジョブ型は、源流をたどればむしろメンバーシップ型より古く、現在とはまったく経営環境が異なる時代の産物であることがわかる。そして来るAI（人工知能）時代に最も淘汰されやすい働き方だといえる。

いっぽう、活躍した「侍ジャパン」やサッカー、ラグビーの日本チームを組織論的に見ると、個人が集団に埋没するメンバーシップ型や、一人ひとりが与えられた仕事だけをこなすジョブ型とは異なるタイプのチームだったことがうかがえる。

メンバー一人ひとりがプロとして主体的にチームへ参加し、自分の個性を生かしながら優勝をめざすプロジェクトに貢献する。その姿は、「自営集団」と称するほうがふさわしい。投打二刀流で奮闘する大谷翔平選手や、瞬時に攻守ところを変えるサッカー、ラグビー選手のプレーぶりは、まるで自営業の働き方そのものだ。選手の身の振り方やプレー内容も、チームワークのスタイルも、以前と比べて明らかにバージョンアップし、それが日本チームの活躍にもつながっているのである。

ビジネスや労働の世界でもいま、メンバーシップ型かジョブ型かという観念的な二分法の陰で、新たな第三の働き方が静かに、しかし急速に広がっている。そして企業の経営者も、働く人々も、めざしている視線の先はそちらを向いている。雇用かフリーランスか、言い換えれば組織に属しているか否かにかかわらず、半ば自営業のようにある程度まとまった仕事を一人でこなす「自営型」と呼ぶべき働き方である。

たとえば企業の経営者や人事担当者の口から頻繁に聞こえてくるのは、「これまでの日本的な雇用はもう限界だが、欧米式のジョブ型は弊害が多すぎる」という声だ。そして理想の社員像について尋ねると、「自分で判断して行動できる自律型社員」であるとか、「プロジェクトを安心して任せられる社員」といった答えが返ってくる。いっぽう就活を間近に控えた学生たちにどんな働き方をしたいかと聞くと、「自分で仕事の企画を立ててやり遂げたい」とか、「自分の成果が見えるような仕事に携わりたい」などと答えるし、研修で若手社員の話に耳を傾ければ、いちばん多く聞こえてくるのは「もっと仕事を任せてほしい」という要望だ。

彼らが求めているものこそ、まさに「自営型」ではないか。

企業側も働く人の側も、暗黙のうちに理想的な働き方として自営型をイメージしているのである。そして社員一人ひとりにまとまった仕事を任せたら受け身の姿勢が見違えるほど積極的になったとか、若手が会社を辞めなくなったという経験をたびたびしている。にもかかわらずメンバーシップ型かジョブ型かという既成概念に縛られているので、あるいはそれしか知らないので、自営型という働き方が意識されないだけなのである。たとえていうなら「甘い」と「辛い」しか知らない幼児が酸っぱいブドウを口にしても、「甘い」か「辛い」かでしか表現できないようなものだ。

自営型の働き方には、企業等に雇用される「自営型社員」（左ページの図PのⒶ）から、企業と業務委託契約などを結んで働く「インディペンデントコントラクター」と呼ばれる人（同Ⓑ）、制度的にも実質的にも完全に独立して働く人（同Ⓒ）までグラデーションがある。ただ本書では統計数値として扱う場合以外、何らかの形で組織と関わりながら働く前二者（ⒶとⒷ）に焦点を当てて論じることにする。

私はここ二〇年来、国内各地、それに海外二〇か国以上の国・地域を訪ね人々の働

図P 「自営型」の範囲

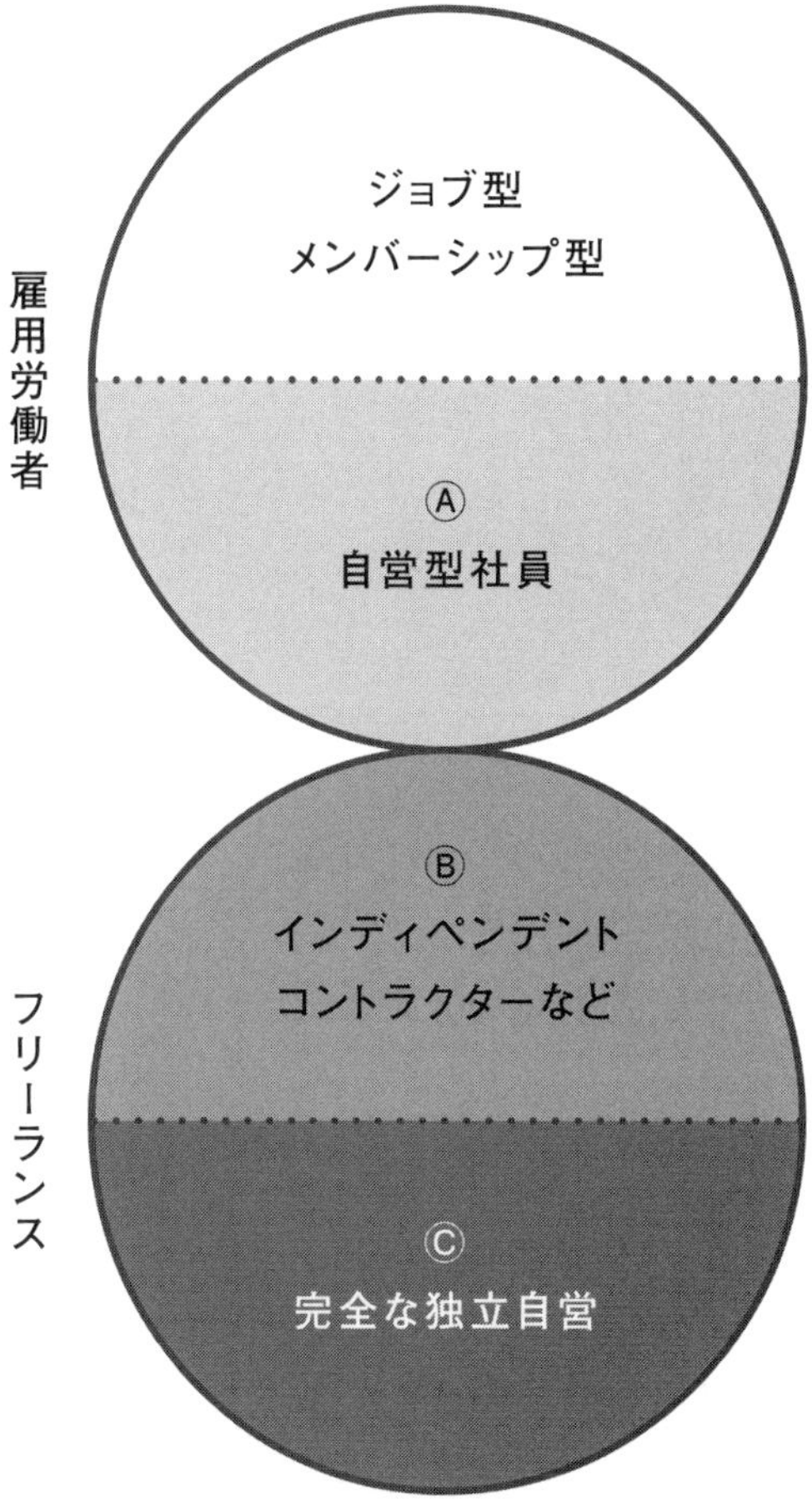
雇用労働者
ジョブ型
メンバーシップ型
Ⓐ
自営型社員
フリーランス
Ⓑ
インディペンデント
コントラクターなど
Ⓒ
完全な独立自営

き方を調査してきた。そこでわかったのは、アメリカのシリコンバレーのような時代の先端を行く地域から、イタリア、台湾、中国などの伝統的な国・地域の職場にまで、自営型が広がってきていることだ。そしてわが国でも情報・ソフト系の企業から、製造業、建設業、サービス業、流通業まで多様な業種の現場に、自営型が浸透しつつある実態が明らかになった。しかもＩＴ（情報技術。「ＩＣＴ」〈情報通信技術〉とも呼ばれるが、本書ではＩＴに統一する）化とグローバル化、そして新型コロナウイルスの感染拡大（以下、コロナ禍）の影響を受け、自営型の普及がいちだんと加速している。なかにはそれをジョブ型の広がりととらえる向きもあるが、実態は明らかに自営型なのだ。

注目すべき点が二つある。

一つは、それが新たな経営環境にマッチしているだけでなく、人間にとって理想に近い働き方だということである。たとえば近年明らかになったように、日本人の仕事に対するエンゲージメント（熱意、献身、没頭）は世界最低水準にとどまるが、フリーランスだけを見ると欧米に遜色ないほど高い。

もう一つは、伝統的な日本の職場に特有な仕事能力が、自営型でこそ存分に発揮されるということである。しかもわが国では中小企業の比率が高く、また高度経済成長期までは雇用労働者より自営業者のほうが多かったことから想像できるように、自営型は日本社会になじみやすい。したがって日本の伝統的な「強み」を最大限に生かせる働き方だといってよい。

一人でまとまった仕事をこなす自営型は、企業にとって生産性向上と人材不足対策の切り札になるかもしれないし、エンゲージメントの高さはリテンション（人材確保）につながる。また勘や熟練を生かしマイペースで働けるところは、シニア層の活用にも適している。

世界のビジネス界、労働界の議論がまだジョブ型の先へは進まないいまこそ、日本企業、日本社会が先陣を切って自営型の働き方を発展・普及させれば、〝ジャパンアズナンバーワン〟の再来もけっして夢物語ではなかろう。世界に通用するのはスポーツ界の新生日本代表チームだけではないはずだ。

もちろん、それには私たち自身の自己変革も必要だ。自営型の社会では、私たち一人ひとりに求められる能力や姿勢もこれまでとは大きく違ってくる。とくにＡＩが席巻するこれからの時代には、人間特有のアナログ的な能力と自営業的な発想、生き方がより大切になる。したがって教育や仕事に対する向き合い方も一八〇度転換しなければならない。

本書では新たな働き方のモデルとして、なぜジョブ型ではなく自営型なのか、自営型の絶対的な優位性はどこにあるのか、その恩恵を企業、個人、社会が得るには何を、どう変えていくべきかについて、具体的な事例やデータを盛り込みながら説いていきたい。

「自営型」で働く時代　―ジョブ型雇用はもう古い！―　◎　目次

第二章　ジョブ型への幻想

第三章　自営型という新たな選択肢

第四章 台頭する自営型社員

第五章　日本企業の「強み」とは何か

第七章 〝ジャパンアズナンバーワン〟の復活へ

第一章

日本企業の病根はどこに？

01 コロナ禍、IT化で露呈した日本企業の「弱み」

逆方向の力が働き始めた

大部屋のオフィスで顔をつきあわせて働き、周りの人が残っているかぎり何時になっても帰れないし、有給休暇は病気のときくらいしかとれない。転居をともなう転勤や単身赴任は当たり前。社員の副業などもってのほか。

いくら改革が唱えられても、まるで厚い岩盤のように動かなかった日本人の働き方が、コロナ禍で大きく揺さぶられた。その象徴が二〇二〇年の春あたりから、いわば緊急避難的に取り入れられたテレワークである。

テレワーク導入の際に見られた経営者と社員の戸惑いは、日本の職場、日本人の働き方から必然的に生じたものだといえる。

日本の職場はみんなが一堂に会し、一緒に働くことをよしとしている。大部屋で仕切りのないオフィスや集団的な執務体制はその表れだ。そして、そのような環境のなかで社員は周囲から認められ、承認欲求や社会的欲求を満たす。

ところがコロナ禍は接触の機会をできるだけ減らすように求め、「一堂に会し、一緒に働く」ことを許さなかった。テレワークは上司と部下、同僚どうしを物理的に遠ざけ、やむをえず出勤してもデスクはアクリル板で仕切られていた。おまけにマスクがけで互いの顔が見えず、会話も必要最小限に制限された。

要するに「ひっつく」ことを求める日本の職場と、「離れる」ことを求めるコロナ禍はベクトルが真逆なのである。そこから当然のようにいろいろな不都合が生じる。

最初に聞こえてきたのは、「部下の管理ができない」「仕事ぶりが見えないのでどう評価してよいかわからない」といった困惑する管理職の声である。なかにはテレワーク中の部下に対して一日中、パソコンの画面をオンにしておくように求めたり、たいした用事がなくてもしばしば会社に呼び出したりする管理職もいた。

いっぽう部下の側からも、「在宅で仕事をすると正しく評価されているかどうか不安だ」とか、「周囲から認められていない気がする」というような声が上がった。テレワークが始まった当初は歓迎気味だった社員のなかにも、しばらくたつと不安やストレスをうったえる人が増えたのは、社員にとって一緒に働くことがいかに大切だったかを物語っている。

コロナ禍が少し落ち着きを見せると、早々に対面での働き方に戻した会社が多かったのは、コロナ禍前後で組織と働き方の仕組みが大きく変わっていない以上、当然の結果だともいえよう。

コロナ禍が日本人の働き方に突きつけた問題は会社のなかだけにとどまらない。

コロナ禍の影響で営業できなくなった飲食店や運輸業などでは余剰人員が発生したいっぽう、サービス業や介護業界などでは人手不足が深刻化するなど人材のミスマッチが露わになった。しかし終身雇用を前提とした日本企業では、解雇や中途採用が容易に行えないうえに、企業特殊的能力すなわちその企業特有のノウハウや仕事の進め方が身についているため、転職のハードルが高い。そのことがスムーズな労働力移動を妨げ、社会全体で人材を有効に活用できないという問題をもたらした。

地殻変動はとっくに始まっていた

このようにコロナ禍は、ミクロ、マクロの両面において日本的雇用、日本人の働き方の弱点をさらけ出した。それは調査結果からも垣間見ることができる。

たとえばコンピュータ・ソフト会社のアドビが二〇二一年四～五月、日本と欧米など計七か国の労働者を対象に行った調査によると、「オフィス勤務よりテレワークの方が仕事がはかどりますか？」の質問に、「そう思う」と回答した人の割合はグローバル平均が約七割だったのに対し、日本では四二・八％と最低だった。またコロナ禍のもとにおける在宅勤務では、平均的な生産性がオフィス勤務の七〇～八〇％にとどまるという分析結果もある。(注1)

もっとも日本の労働生産性の相対的な低下傾向はいまに始まったことではなく、コロナ禍が広がるよりはるかに前から続いている。

たとえばＯＥＣＤ加盟国のなかにおける国民一人当たりＧＤＰ（国内総生産）の順

位を見ると、一九九六年には五位だったのがその後急落し、二〇二二年には三八か国中二七位と、データ取得が可能な一九七〇年以降で最低を記録している。（注2）また時間当たりの労働生産性も主要先進七か国の中で再下位の状態が続いており、二〇二一年の値ではアメリカ、フランス、ドイツの三分の二にも満たない。

日本の労働生産性が低落傾向から脱却できない原因については、デジタル化への対応が遅れていることや後述する低調なイノベーション、それに成長産業への転換や労働力の移動がスムーズに進まなかったことなどが指摘されているが、それらの要因とも直接・間接に関わる雇用や働き方の問題にも注目する必要がある。

その一つが、働く人の意欲である。

かつて日本人は長時間、休みもとらずに働く姿から、「働き中毒」「エコノミックアニマル」と揶揄されるくらい勤勉だと見られてきた。ところが実は、その勤勉性が必ずしも内実をともなうものではないことが徐々にわかってきた。（注3）

勤勉に働く姿とは裏腹に、仕事に対する意欲はむしろ低いのである。

仕事に対する意欲や働きがいを表す指標として近年、注目されるようになったのが

「ワークエンゲージメント」である。(注4)

各種の機関が行った国際比較の結果を見ると、ほぼ共通しているのは日本人のワークエンゲージメントが世界最低水準にあることだ。たとえばアメリカの世論調査会社ギャラップが二〇二二年に行った調査によると、仕事にエンゲージしている人の割合は、グローバル平均が二三％であるのに対して日本は五％で一四五か国のなかでイタリアと並び最も低い。

なお正確にいうとエンゲージメントにはワークエンゲージメントと従業員エンゲージメントに分けられるが、以下ではワークエンゲージメントのことを単に「エンゲージメント」と呼ぶことにする。

そのエンゲージメントを規定している要因の一つが「自律性」であることが明らかになっている。(注5)

そこで日本の職場の自律性に注目してみよう。

日本を含む欧米等九か国の比較によると、「仕事の進め方の裁量度」と「出退勤時間の自由度」の両方において、日本が最も低い。(注6)

個人の職務が明確に定められ、職務の範囲内では自分の裁量で仕事ができる欧米などと違って、日本企業では仕事の分担が不明確なため、同僚と調整したり上司に相談したりする必要性が高い。

それは仕事上の自律性だけでなく、ワークライフバランス（仕事と私生活の調和）を保つうえでの自律性も低くしている。自分の都合より周りに合わせて働かなければならないことが多くなるからである。

02 日本低迷の原因は共同体型組織にある

メンバーシップ型雇用と「共同体型組織」は表裏一体

コロナ禍で露呈された日本的な雇用システム、働き方の弱点。その根底にあるのは、わが国特有の「共同体型組織」である。

はじめに強調しておきたいのは、「共同体型組織」のみが日本企業、日本人の働き方の特徴ではないということだ。日本企業、日本人の働き方の特徴、隠れた強みは別にある。それは後に詳しく論じるとして、まず共同体型組織とはどのようなものかを説明しよう。

社会学では集団を「基礎集団」と「目的集団」に分類する。基礎集団は家族やムラのような、メンバーどうしが情緒的に結びついた自生的な集団である。一般に共同体とは、この基礎集団のことをいう。いっぽう目的集団は、特定の目的を達成するために形成された集団であり、組織は目的集団に属する。F・テンニースのゲマインシャフトとゲゼルシャフト、R・M・マッキーバーのコミュニティとアソシエーションといった分類も、それぞれ基礎集団、目的集団にほぼ相当する。

この分類にしたがうなら企業はれっきとした目的集団であり、社員は企業目的を達成するという目的のためだけに協力すればよいはずだ。ところが日本の企業の場合、そうではない。

いったん正社員として採用され会社の一員となれば、よほどのことがないかぎり会社の傘の下で庇護され、安定した身分と生活が保障される。その代わり社員には利害・打算を超えて会社のために貢献し、忠誠を尽くすことが求められる。終身雇用制や独身寮、社宅、各種手当・見舞金などの手厚い福利厚生は、個人の全生活に会社が深く関わっていることを象徴的に表している。このように日本的経営は日本的雇用システムと一体であり、いわゆる「メンバーシップ型雇用」は、共同体型組織特有の雇用形態だといえる。

また共同体型組織では個人の仕事の分担や責任の範囲は不明確で、会社の一員、所属部署のメンバーとして協力し合って仕事をすることが求められる。

つまり日本の企業組織は目的集団であると同時に、基礎集団としての側面も併せ持っているのである。

なぜ、わが国ではこのように特殊な組織が形成されたのか。

そこには企業の雇用戦略が深く関わっている。戦後の高度経済成長期には、各企業とも大量の労働力を安定的に確保する必要があった。また企業が拡大し続けるなかでは役職ポストを増やしたり、給与を年々引き上げたりすることも比較的容易だった。そこで取り入れられたのが新卒一括採用と終身雇用、年功序列制を柱とする雇用システムである。

各企業とも自社の社風に合った新人を採用し、社内でＯＪＴ（職場訓練）を中心にした長期にわたる育成を行う。また同じメンバーが一つの会社のなかで一緒に働き、仕事外でもつきあいや日常生活を共にするので、能力や価値観、行動様式も自ずと似通ってくる。そして会社と社員の運命も、社員どうしの利害も一致するようになる。

その結果、閉鎖的、同質的で「内向き」な組織ができあがる。それが共同体型組織である。強調しておきたい点は、このような組織の枠組みは度重なる改革の議論を経ても大きく姿を変えることなく、今日まで存続し続けてきたことだ。

高度経済成長期以来、日本の代表的産業である自動車や電機はいわゆる少品種大量生産システムのもと、決まった製品をいかに高品質で安価に供給するかが問われた。したがって勤勉で同質的な労働力が求められたのである。

いっぽう労働者にとっても経済水準が低く、住居をはじめとする社会のインフラが十分に整っていない時代には企業の傘の下で、いわば丸抱えの生活を送れることは大きな魅力だった。

共同体型組織のもとで、企業と労働者は共存共栄が実現できたのであり、それが日本企業、日本社会の強みだった。

「適応が適応を妨げる」

ところが環境が変わると、共同体型組織は「強み」が「弱み」へ逆転する。

「適応が適応を妨げる」という命題がある。経営学者の加護野忠男は「①過去の成功が大きければ大きいほど、②成功期間が長ければ長いほど、③企業が同質であればあるほど、④企業の政治的権力が分散していればいるほど、企業パラダイムの革新は難しい」(注7)と述べている。共同体型組織は、まさにこの四条件をすべて備えており、新たな環境の要請に適応するのが難しかったわけである。

コロナ禍で表面化した日本の雇用システムと日本人の働き方、すなわち終身雇用、年功序列制、集団主義的執務体制といった制度や慣行の問題点は、「共同体型組織」から派生しているととらえてもよい。しかも、それは一九九〇年代から急速に進んだIT化、グローバル化という大きな潮流のなかで急速に浮上したのである。

まず企業経営の視点に立てば、大きな関心事が生産性にあることはいうまでもない。

そのなかでも、大多数の企業が問題視しているのは年功序列制の弊害である。年功序列制のもとでは賃金コストが膨らむうえに優秀な人材、とりわけ若手の開発技術者やDX（デジタルトランスフォーメーション）人材などをグローバルな市場価値に見合った報酬で獲得することが難しい。

たとえ獲得できたとしても、モチベーションや、チャレンジ精神を十分に引き出せないという問題がある。

そもそも共同体型組織は閉鎖的であるため、給与原資も役職ポストも、さらには内部での評価や評判さえもが「ゼロサム」の原理に支配される。つまりだれかが高い給与、役職、評価を手に入れると、ほかの人はそれらを手に入れるチャンスが減るわけである。そのため社員どうしが互いに牽制し合い、「出る杭を打つ」風土が生まれやすい。

イノベーションの芽を摘む風土はどこから?

私が二〇二二年二月にウェブ方式で行った調査(注8)(以下「二〇二二年ウェブ調査」と呼ぶ)のうち、全国の働く人を対象にした質問への回答には、日本人の消極的な姿勢が鮮明に表れている。

たとえば「将来、チャンスがあれば独立したいと思いますか?」という質問に対し、

「思う」と答えた人は二六・九％とほぼ四分の一に過ぎなかった。そして「自ら転職や独立をしないほうが得だと思いますか？」と聞いたところ、「そう思う」「どちらかといえば、そう思う」と答えた人が合計五一・一％と過半数に達した。

さらに同僚として「積極的にチャレンジする人」より、「周りとの調和を大事にする人」を好むという人が六八・二％を占めるとともに、六五・五％の人が「失敗のリスクを冒してまでチャレンジしないほうが得」だと回答した。

たしかに日本企業で正社員として働いている人は、よほどのことがないかぎり解雇されることはなく、年功序列制のもとで給与は自然に上がっていく。しかも人事評価は基本的に減点主義なのでリスクを冒して挑戦するより、周りと歩調を合わせながら堅実に仕事をこなすほうが得だ。そう考えるのも無理はない。

しかし当然ながら、挑戦しないほうが得だとか、挑戦がはばかられるような風土のもとでは起業もイノベーションも起きにくい。

それを裏付けるように、わが国の開業率は五％前後で推移しており、アメリカ、イギリス、フランスなどがいずれも一〇％前後であるのに比べて著しく低い（注9）。

またOECDの資料（二〇一五年）に基づいた内閣府のレポートによれば、日本における イノベーションの実現状況は、三〇か国のなかで大企業が二二位、中小企業は二〇位にとどまっている。（注10）

いうまでもなく起業もイノベーションも低調な社会は、長期的に必ず衰退していく。共同体型組織のなかでは、社員に専門能力が身につかないという問題もある。

終身雇用と年功序列制は、新卒一括採用と人事部主導のローテーション人事がセットになる。とくに事務系ホワイトカラーの場合、多くの企業は学生の専門分野とは無関係に学歴（学校歴）と面接、それに簡単な適性検査によって採用する。採用後も専門や本人の希望をあまり尊重することなく各部署へ配属され、数年ごとに異動していく。「ゼネラリスト育成」「計画的ローテーション」とか「適材適所」といった看板を掲げていても、実際は要員の確保や処遇のバランスによって異動が決まるケースが多い。

そもそも「ゼネラリスト」といえば聞こえがよいが、内実はむしろ「素人集団」に近いといっても過言ではない。かつては「素人集団」でも何とかなったかもしれないが、今日のようにグローバルな競争のなかで、事務系といえども専門的な知識や能力が求められる時代には、それが決定的なハンディになる。

また「適材適所」という理念も、会社視点の「適材適所」と社会的な「適材適所」、それに個人が発揮したい能力とは一致しない場合がある。ちなみに前出の「二〇二二年ウェブ調査」では、企業などの組織で働く人に対して「仕事に関する知識や技術、特技など、自分が得意なことでも隠すことがありますか？」と聞いたところ、四四・六％の人が「ある」と答えた。(注11) 近年は個人の能力や個性を育成・発揮させる「タレントマネジメント」が注目されるようになってきたが、会社が育成・発揮させたい「タレント」と個人の側のそれとが一致しなければ、本来の趣旨が生かせない。人事部主導による人事の宿命だといってよい。

いずれにしても共同体型組織を支える終身雇用と年功序列の枠組みが存在する以上、社員はいくつになっても高度な専門能力は身につかない。

生産性に直結する問題だけではない。今日、日本の労働社会が直面している諸課題は、源をたどればその多くが共同体型組織に行き着く。

前述した集団主義や雇用の硬直性以外にも、さまざまな問題と関わっている。

たとえば「同一労働・同一賃金」の実現を阻む正規従業員と非正規従業員の格差。正規従業員すなわち正社員は共同体のメンバーであるのに対し、パート、アルバイト、臨時雇いなどの非正規従業員は共同体のメンバーと見なされない。

両者はそもそも賃金の決定メカニズムが異なる。正社員の賃金は他社の動向や業界の水準が参考にされるものの、基本的には企業の判断で決まるのに対し、非正規従業員の賃金には市場の需給や賃金相場が反映されやすい。そのため、仕事の内容とは関係なく正規と非正規の間に賃金格差が生じるのである。当然ながら賃金だけでなく昇進や雇用の保障、能力開発、福利厚生などにも正規と非正規の間に格差が生まれる。

また共同体型組織は内と外とが物理的にも、制度的にも隔てられているため、外の目が内に届きにくい。そして内側は人間関係が濃密で、公式な権限より非公式な人間関係や空気によって物事が決められ、仕事が進められる。それが責任の所在をあいまいにして不祥事の温床になったり、ハラスメントを生んだりするケースがある。

制度導入のネックは共同体型組織

さらに深刻なのは、従来の雇用システムによる硬直的な働き方を見直し、働く人の自由度を高めるための諸制度も、いざ導入するとなると共同体型組織特有の壁にぶつかることである。たとえていうなら伝統的な日本式家屋を内装だけ洋風にリフォームしようと思っても、柱や梁、屋根などの枠組みが違うのでうまくいかないようなものである。

具体的に取りあげてみよう。

まず労働時間制度については、かつて大企業を中心に導入された裁量労働制やフレックスタイム制が最近になって廃止されるケースがあいついだ。いっとき話題になった高度プロフェッショナル制度も、法制化されたにもかかわらずほとんど採用されていないのが現状である。

導入のネックになっているのが、集団的な執務体制である。集団単位での仕事が多く、また仕事を進めるうえで人間関係に依存しているため、メンバーがそろわないと仕事が進まないケースが多い。最近話題になった「選択的週休三日制」やワーケーションといった制度も同じだ。

また男性の育児休業取得を主な目的として二〇二一年に育児・介護休業法が改正（二〇二二年施行）されたが、男性の利用率も利用日数も低水準でとどまっている。それも、やはり共同体型組織特有の働き方と無関係ではない。日本の職場ではだれかが休むとほかのメンバーがカバーするのが普通なので、休めば上司や同僚に迷惑がかかる。そのことがわかっているので、取得をためらう人が多いというのが実態だ。

くすぶる不公平感

制度導入を妨げる理由はそれだけではない。現場で話を聞くと、社員の間で不公平感が想像以上に強いことが伝わってくる。テレワークにしても、「選択的週休三日制」にしても、部署によって研究開発や企画などのように比較的利用しやすいところもあれば、窓口業務や営業など利用しにくいところもある。

欧米のように職種や所属部署を自分で選んだのであれば、たとえ周りより条件が不利でも仕事の特性として受け入れられよう。それに対し日本企業では配属や異動が人事部主導で行われるため、たまたま制度が利用しづらい部署にいる人は不公平感が拭えない。「人事ガチャ」「配属ガチャ」などと揶揄されるゆえんである。

不公平感とは少し違う意味で、共同体型組織特有の感情が絡むのが社員の副業だ。厚生労働省は二〇一八年に社員の副業を、それまで望ましくないとしていた姿勢から、原則として認めるべきだという方針に大きく転換した。背景には社員の多様な働き方を推進するとともに、経済の活性化を図ろうというねらいがある。

このような政府の後押しを受けて社員の副業を認める企業が急増し、経団連が二〇二二年に実施した調査では、社外での副業・兼業を認めている企業が五三・一％と過半数に達した。いっぽう労働政策研究・研修機構が二〇一八年に行った調査（注12）では副業・兼業を許可しない理由を聞いているが、圧倒的に多いのは「過重労働となり、本業に支障をきたすため」（八二・七％、複数回答）という回答である。しかし経営者や管理職から非公式に聞こえてくる声や、部下への対応から推測すると、こうした表向きの理由とは異なる本音が見え隠れする。

部下が社外で副業をすると、当然ながら社外に人間関係が広がり、別の世界を知ることになる。また経済的にも、社会的にも会社や上司に対する依存度が低下する。上司からすると、部下が自分の知らない世界を知り、自分がコントロールできない人間関係をつくるとやりにくいし、面白くないのである。かつて妻が外で働いたり、社会に出たりするのを嫌う夫が珍しくなかったが、部下の副業に難色を示す上司の心理にもそれに近いものがある。

多くの企業が社員の副業を認めず、認めるにしてもいろいろな条件をつけてコントロールしようとするのは、共同体型組織そのものにそうした囲い込みの体質が存在するからだといえよう。

ただ共同体のメンバーを労働市場から隔離しようとすれば、年齢的にも一定のところで線を引かなければ組織そのものが過剰にふくれあがり、維持できなくなる。囲い込みのデメリットがメリットを上回るようになるのだ。そこで必要なのが定年であり、終身雇用、年功序列制のもとにおける定年年齢は給与原資や人員構成など微妙なバランスの上に成り立っている。

そのため、かりに定年を延長しようとすると給与制度全体を見直さなければならなくなり、共同体型組織を支える終身雇用や年功序列制まで修正を迫られる。このような構造的ジレンマが解消されない以上、アメリカやイギリスのような定年制の撤廃はおろか、政府が掲げる「七〇歳定年制」も実現は容易でなく、「健康で意欲があるうちはいつまでも働いてもらう」という理想どおりにはいかないのである。


しかし、これだけ長期にわたって労働生産性や国際競争力の低迷が続き、働く人のエンゲージメントも極端に低い現状を前にして、企業経営者などの間には、これまでの日本型雇用スタイルではグローバルな競争に勝てないという危機感がだんだんと広がってきた。

また社会全体で見ると、企業間や、正規・非正規、年齢、ジェンダーなどによる格差が表面化し、働き方も多様化すると、これまでのように共同体の内部者だけを守ることの社会的正当性が薄れてきていることは否定できない。同時に、働く人にとっても社会のさまざまなインフラが整備された現在は、会社共同体そのものの魅力もまた乏しくなってきたといえる。

このように大きなうねりのなかで、日本の伝統的な雇用制度そのものを見直そうという動きが目立つようになったのである。

（注1）森川正之「コロナ危機下の在宅勤務の生産性：就労者へのサーベイによる分析」RIETI Discussion Paper Series 20-J-034、二〇二〇年七月

（注2）日本生産性本部の分析

（注3）太田肇『「見せかけの勤勉」の正体』PHP研究所、二〇一〇年

（注4）熱意、献身、没頭の三要素を特徴とする仕事に対するポジティブな心理状態。Wilmar B. Schaufeli, Marisa Salanova, Vicente González-Romá and Arnold B. Bakker, "The measurement of Engagement and burnout: A two sample confirmatory factoranalitic approach", *Journal of Happiness Studies* Vol. 3, No.1, 2002

（注5）たとえば島津明人・江口尚「ワーク・エンゲイジメントに関する研究の現状と今後の展望」『産業医学レビュー』第二五巻二号、二〇一二年を参照

（注6）佐藤博樹「ダイバーシティ経営と人事マネジメントの課題」鶴光太郎編著『雇用システムの再構築に向けて』日本評論社、二〇一九年。ただし韓国の一部データは含まれていない

（注7）加護野忠男『組織認識論』千倉書房、一九八八年、一九五頁

（注8）NTTコム リサーチに委託して実施。サンプル数は各質問の対象ごとに五〇〇以上になるよう設定した。出典は太田肇『何もしないほうが得な日本』PHP研究所、二〇二二年（b）

（注9）ただしわが国の開業率が低い点については、中小企業の比率が高いため分母が大きくなるという指摘もあり〈松永桂子『ローカル志向の時代―働き方、産業、経済を考えるヒント』光文社、二〇一五年、五五頁〉、多少は割り引いて評価する必要があるかもしれない

（注10）内閣府「平成30年度　年次経済財政報告」

（注11）太田 前掲、二〇二二年（b）、六八頁

（注12）労働政策研究・研修機構「多様な働き方の進展と人材マネジメントに関する調査

第二章

ジョブ型への幻想

01 救世主登場？

三者三様、ジョブ型への期待

日本型の雇用システムと働き方が急速なデジタル化の進展、グローバル化で機能不全を起こしつつある。日本企業のマネジメントと働き方の根幹をなしているのが共同体型組織であり、雇用の面でいえばメンバーシップ型雇用であることを説明した。

とりわけ企業経営にとって深刻な問題は、労働生産性の低迷や国際競争力の低下であり、日本式の組織、雇用システムがそれと無関係ではないことだ。

経済、社会のグローバル化は不可避であり、そこで注目されるようになったのが、いわゆる「ジョブ型」雇用である。

企業、労働者、政治・行政がそれぞれの立場からジョブ型の導入に期待をかけている。

まず企業としては、ジョブ型への転換によって終身雇用制と年功序列制のもとで膨らんだ賃金コストを削減するとともに、グローバルな競争を勝ち抜くために専門性の高い人材の獲得と育成を図ろうとする。

いっぽう労働者にとっては、専門性を高めて転職する道が開けるうえ、社内でも得意な仕事を続けることができる。会社主導ではなく自分の意思で将来のキャリアを築いていけるわけである。そのため能力開発の目標が立てやすいし、成長への意欲も湧く。またジョブ型が導入されれば、テレワークがしやすくなるなどワークライフバランスの向上が見込まれ、ひいてはジェンダーギャップの解消にもつながると考えられる。

とりわけわが国では個人の仕事の分担が不明確なため、人事評価に評価者の主観や裁量が入りやすく、それが女性の昇進を妨げる「ガラスの天井」をもたらしているといわれる。仕事の分担が明確になれば、一人ひとりの能力や成果を客観的に評価しやすくなるため、不合理な格差や隠れた差別も防げるわけである。またメンバーシップ型に特有の無際限・無定量な貢献を求められる職場環境が、女性の活躍機会を狭めている現状を考えると、分担が明確になる意義は大きい。

そして政治や行政の立場からすると、ジョブ型の普及によって労働力の円滑な移動が可能になり、人材不足と過剰労働力を同時に解消できる。また同一労働・同一賃金の実現にもつながると期待される。

このように三者三様の立場から、ジョブ型雇用に熱い視線を寄せるようになったのである。

ところで「メンバーシップ型」「ジョブ型」という言葉は、濱口桂一郎（注1）によって使われたものだが、近年は命名者の手元から離れて微妙に定義を変えながら広く社会に流布するようになった。ただ「ジョブ型」という名称からも、それが欧米で一般的な職務主義を意味していると解釈するのが自然であり、本書でも欧米の職務主義と同様の雇用システムをジョブ型と呼ぶことにしたい。

職務主義のもとでは、仕事上の役割、責任、給与額、福利厚生などを記した職務記述書に基づき、会社が一人ひとりと雇用契約を交わす。したがって社員は職務記述書に記載された役割や責任を果たさなければならないが、同時にそれ以上の仕事をする義務はない。

また職務によって契約しているのだから、原則として本人の意思によらない人事異動はなく、自分が専門とする職務の軸に沿ってキャリアを形成していく。したがって欧米では、例外はあるものの社内で無関係な職務に就くより、転職して同じ職務を続けるのが普通である。

要するに「ジョブ型」雇用とは、一人ひとりの職務が明確に定義されるとともに、職務を軸にして主体的なキャリア形成が行われる雇用システムだといってよい。

いっせいに動き始めた大企業の改革

日立製作所、富士通、資生堂、NTT、KDDIといった日本を代表する企業が二〇一〇年前後から、このジョブ型を導入し始め、大企業を中心に多くの日本企業が追随して取り入れるようになった。ちなみにリクルートが二〇二二年の一～二月に行った調査によれば、有効回答二九六のうちジョブ型人材マネジメントを取り入れているという企業は二一・九％で、検討中という企業も三〇・七％あった。(注2) ただ数字そのものはジョブ型をどのように定義するかによって、大きく変わってくることに注意しなければならない。

ジョブ型導入に積極的なのは個別企業だけではない。経団連は二〇二二年の報告のなかでジョブ型雇用にあらためて言及し、導入・活用を「検討する必要がある」と明記した。そして政府もまた企業が社員に対して勤務地や職務の希望の明示を求めるなど、ジョブ型雇用への移行を推し進める方針を示している。

このようにわが国ではいまや、働き方改革といえば「ジョブ型」雇用導入の議論が避けて通れないような状況であり、「メンバーシップ型からジョブ型へ」の移行がもはや既定路線であるかのように喧伝されている。背景には年功序列制による人件費の負担と硬直した処遇制度からの脱却、DXをはじめとする高度専門職人材の獲得、グローバル標準の人事制度への転換といった経営側のねらいがある。またジョブ型の導入は前述した共同体型組織の見直しにつながるので、先に掲げた日本企業、日本社会の労働問題もその多くが解決できそうに思える。

「自律的キャリア形成」も可能に？

ジョブ型の導入がこうした諸問題の解決につながると考えられる最大の理由は、ジョブ型では一人ひとりの分担が明確になるからである。

仕事の分担が明確になれば仕事の成果や貢献度もはっきりするので、仕事のプロセスや仕事の進め方は本人に任せられる。そのため仕事ぶりを管理したり、監視したりする必要性が小さくなる。したがってテレワークを導入しやすいし、裁量労働制やフレックスタイム制、ワーケーションなども取り入れやすい。どんな働き方をしようと、成果や貢献度さえチェックすればよいわけである。

また前述したようにジョブ型はキャリアを自己選択するのが原則なので、職務によって働き方や労働条件に差が生じても本人の納得が得やすい。そのためテレワークや「選択的週休三日制」など、部署や職種によって利用しやすいところとしにくいところがあっても職務の特性と割り切れるわけである。

そして職務とそのグレードに応じて処遇が決まるため、能力と意欲があればいくつになっても働き続けられる。少なくとも理屈のうえでは定年制も不要になる。実際に年齢による差別が禁止されているアメリカでは、七〇代になっても普通に働いている社員は珍しくない。

いっぽう働く人にとっては、仕事の自由度が高まるだけでなく、「つきあい残業」などが減って仕事と私生活との調整がしやすくなり、キャリア形成も自律的に行える。結果として、エンゲージメントも高くなるはずだ。

このように日本企業、日本社会が直面している働き方の問題、すなわち共同体型組織やメンバーシップ型雇用に付随するさまざまな限界は、ジョブ型の導入によって大半が解決できそうだ。それが労働生産性や労働者福祉の向上につながるなら、ジョブ型はいまの日本にとって救世主になれる。こう考えるのも無理はない。

だからこそ「メンバーシップ型からジョブ型へ」という大合唱が起きたのである。

02 立ちはだかる厚い壁

転職の壁

ところが、いざジョブ型を取り入れるとなると、多くの厚い壁にぶつかる。欧米と同じような制度を日本企業に導入しようとしても、うまくいかないのだ。その原因をひと言でいうなら、組織・社会の構造が欧米と日本とではまったく違うからである。たとえるなら古い伝統が残る農村社会に欧米人が移住してきて、欧米流のライフスタイルを貫こうとするようなものだ。

すでに述べたとおり、ジョブ型のポイントは一人ひとりジョブの内容が明確に定義されていることと、ジョブ（専門）を軸にキャリアが形成されることの二点である。

したがってジョブ型雇用のもとでは、経営戦略や労働需要の変化により特定のジョブがいらなくなったら、最終的には解雇されることになる。しかし周知のとおり、わが国ではいわゆる「解雇権濫用の法理」などによって解雇が厳しく制限されており、特定の職務がなくなったから解雇するというわけにはいかない。

もっとも日立製作所や富士通のような超大企業の場合、グループ内に関連会社がたくさんあるので、グループ内で特定のジョブを継続させることが可能かもしれない。グループのなかに「内部労働市場」という擬似的な市場が存在しているわけである。しかし、それができるのは一握りの大企業に過ぎない。

したがって多くの企業は、かりにジョブ型を導入しても職務内容の変更をともなう異動はなくせないし、たとえ職務は変わらなくても異動によって仕事の難易度が変化するケースも出てくる。しかし、その異動が会社の都合によるものなら、社員の不利益になるような待遇の変更はできない。結果として職務内容より保有能力や会社全体のバランスを優先するという、ジョブ型の趣旨からかけ離れた人事になってしまいかねない。

既得権の壁

そもそも欧米と違って外部の労働市場が十分に発達していないわが国では、自分の専門を生かすために転職することはまだ一部の人、一部の職種以外は困難なのが現状であり、失業のリスク覚悟でジョブの継続にこだわる人はかぎられている。

働く人の覚悟という点では、定期昇給や年齢・勤続年数に応じた昇進など、年功序列制の恩恵を完全に捨てられる人もまだ少ないだろう。とりわけミドル層以下では、暗黙のうちに給与は上がっていくものという想定で生活しているし、子どもの教育費や住宅ローンなどもそれを前提に設計されている。

しかしジョブ型雇用では、特定のジョブのなかでよりレベルの高い仕事に就いてグレードが上がらないかぎり、何年たっても昇給や昇進はできない。少なくとも理屈のうえではそうである。はたして、そのような変化を本人や家族はもとより、労働組合や一般社会も受け入れるだろうか？

そして当然ながらジョブ型ではジョブによって給与額は異なるし、同じジョブでもグレードによってはっきりとした給与差が生まれる。これまで日本企業では年齢による給与格差が存在するいっぽうで、年齢や勤続年数が同程度なら、職種や能力が違っても給与に極端な差をつけないのが暗黙の了解だった。

いまのわが国に、ジョブ型の導入によって社員の間で給与格差が生じることを容認する風土ができているか、また平等主義、一律主義を旨とする企業別労働組合が格差を受け入れるかは大いに疑問である。かりに格差を納得させようとするなら、入り口すなわち採用や異動の際に本人の意思を尊重しなければならないし、一人ひとりの仕事の能力をより客観的に評価できる仕組みづくりも必要になる。

人材育成の壁

ジョブ型導入の前に立ちはだかるもう一つの壁は、新人の育成である。日本企業ではこれまで仕事の能力も適性も未知数の新卒を一括採用し、社内で時間をかけて一人前に育ててあげてきた。ところがジョブ型では、そのジョブにふさわしい能力を備えた者を採用するのが原則である。そもそもジョブ型はメンバーシップ型に比べて転職しやすいので、せっかく内部で育成しても転職してしまうリスクがある。そのため企業には、新人を内部で育成するインセンティブが乏しい。

ちなみにアメリカ企業などでは一部のエリート層は別にして、いわゆる非正規雇用に近いような働き方で力をつけたり、長期のインターンシップで能力・適性を示したりした者のなかから社員として採用するのが普通だ。

したがってジョブ型雇用をわが国に普及させようとするなら、新人の育成をどうするか考えなければならない。国などの行政、またはドイツのように業界が行うのか、あるいはアメリカのように基本的に自己責任とするのか、国民的な議論が必要になるだろう。

さらに文化的な壁も軽視できない。

ジョブ型の趣旨と日本企業における職場の現状とのギャップはあまりにも大きい。たいていの会社では職場単位で仕事をするため、新しい仕事が入ってくると、上司は手の空いている部下や手際のよい部下に仕事を割り振る。部下にとって、仕事は「上から降ってくる」イメージだと表現する人もいる。ジョブ型を導入するには、このような慣行そのものを見直さなければならない。

それは職場の物理的な環境とも関係している。日本企業のオフィスは大部屋で仕切りのない独特の構造になっていて、自分の仕事が早く片づいたら同僚の仕事を手伝うべきだという不文律のようなものがある。そのため、かりに自分の職務が決まっていても自分の仕事を片づけたら定時に帰るという、欧米流のスタイルを貫くのは難しい。実際、ジョブ型のさらに先を行く業務委託に切り替えた会社でさえ、周りに残っている人がいたら手伝うのが当たり前になっているといわれる。

文化や風土は目に見えない。だからこそ変えるには大きな困難がともなう。

「折衷」のリスク

このようにジョブ型導入の前には幾重もの壁が立ちはだかる。しかも国のさまざまな政策をはじめ、労働市場や学生の就職、労働関係法令、社会慣行など、一企業でできる範囲を超える要因もたくさん絡んでいる。社会そのものが暗黙のうちにメンバーシップ型雇用を想定しているのだ。そこで、しばしば講じられる策が、メンバーシップ型の大枠を残しながらジョブ型の要素を取り入れるという、わが国独特の和洋折衷である。

実際、企業のなかには一部の職種に限定してジョブ型採用を導入するとか、ジョブ型で採用しても状況によっては他のジョブに転換するといったところが少なからず存在する。これまでどおり会社主導でローテーションを行い、配属先の職場で担当する仕事を当人のジョブと見なす会社もある。しかしジョブ型の源である職務主義の原則に照らせばわかるように、会社の都合で職務を変えさせるような運用は、明らかに制度の趣旨に反しており、「ジョブ型」の名称を用いるのは誤解を招きかねない。

またジョブのグレードを上げる際には、必ずしも厳格に能力の要件をチェックしていないケースも多い。そして人事考課では、本来ジョブ型の掟《おきて》に反する他人の仕事を手伝う行為を、協調性として評価する会社も存在する。そもそもジョブ型の前提となる職務分析や職務評価を厳密に行っていないところも多いのが現実だ。

こうした現状を踏まえ、いわば苦肉の策として「日本式ジョブ型」とか「ハイブリッド型」というような名称が使われるようになった。一見するとそれは穏当で現実的な印象を与えるが、ジョブ型本来の持ち味を生かせないばかりか、第五章で述べるような日本企業の伝統的な強みを消し去ってしまう恐れがある。

そもそも会社のメンバーとして採用し、状況に合わせて仕事を割り振ったり、みんなで一緒に仕事をこなしたりするメンバーシップ型雇用（共同体型組織）と、職務ごとに適任者を採用するジョブ型とはまったく異質な原理に基づくものだといってよい。したがって両方の折衷を図ることは、水と油を混ぜようとするようなものであり、下手をすると両方の利点を生かせないばかりか、新たな弊害が生じる恐れがある。

漂うデジャブ感

思い起こされるのは、同じような経過をたどった人事制度改革の歴史だ。

たとえばわが国でも戦後、担当する職務に応じて給与が決まる職務給を一部の企業が取り入れたが、実際には職務分析を行うのが容易でないとか、一人ひとりの職務が決まっていると異動させにくいといった理由からほとんど普及しなかった。

つぎに登場したのが、現在も多くの企業で採用されている職能資格制度である。部長、課長、係長という役職とは別に、参与、参事、主査というような「資格」を社内に設け、役職に就いているか否かにかかわらず、役職相当の「資格」があると認められれば役職者と同等に処遇する。

ここでいう「職能」とは職務遂行能力の略であり、個人の能力に応じて処遇するという趣旨で取り入れられた。しかしわが国では外部の労働市場が十分に形成されていないうえ、一人ひとりの職務分掌も不明確なため、能力を客観的に評価することが難しい。いっぽうには、かぎられた役職ポストに就けない人を役職者に準じて処遇することで、士気の低下を防ごうというねらいもあった。そこで目をつけたのが、年齢、経験年数という「客観的」指標である。

職能資格制度の前提になっているのは、能力は向上しても低下しないという考え方、ならびに年齢や経験とともに能力は上がっていくという推定である。したがって、おおむね年齢・勤続年数とともに資格も上がっていく形で制度が運用されるようになった。

つまり年功ではなく能力に応じて処遇することが当初の目的だったにもかかわらず、組織や社会の構造からその趣旨を徹底できず、強引な「能力」観を取り入れることによって、皮肉にも結果として年功序列制に「能力主義」のお墨付きを与えることになってしまったのである。それが年功制見直しの機運をそいだことは容易に想像できる。

そして、まだ記憶に新しいのが二〇〇〇年前後に世間の耳目を集めた成果主義の流行である。富士通が一九九〇年代に先陣を切って成果主義人事を導入したのをきっかけに、主な大企業が追随し、大企業から中堅企業、さらには行政機関など非営利組織にまで、成果主義は燎原の火の如く広がっていった。成果主義も職務給や職能資格制度と同様、背景には年功序列制の弊害を除去し、総額人件費を抑制するというねらいがあった。また成果をあげた人に正しく報いるという大義名分が掲げられた。

ところが導入して数年たつかたたないうちに、いったん導入した成果主義を事実上撤回したり、大幅に見直したりする企業があいついだ。大きな理由としてあげられたのは、社員の意欲と生産性の向上に目立った効果があがらなかったいっぽうで、社員の不安や不満が想定以上に大きかったことである。たとえば成果主義の重要なツールである目標管理をめぐっては、目標設定の難しさに加え、目標の難易度にバラツキがあるのに達成度だけで報酬が決まるのは不公平だとか、たまたま配属された事業部の業績で賞与に差がつくのはおかしいといった不満が表面化した。そして社員どうしが「談合」して目標を低く設定するとか、取引先に頼んで突出した成績をあげた月の売上げを翌月に回してもらうといった「機会主義」的な行為も見られるようになった。

これらの問題もまた、人事部主導で配属・異動が決まり、個人の役割分担が不明確な従来の日本的雇用システムを残したままで、個人の成果を問うたところに原因があったといえる。要するに成果主義導入の条件が備わっていなかったわけである。

職務給の導入が頓挫し、職能資格制度や成果主義が制度の趣旨を実現できなかったばかりか、結果として改革の歩みを緩めてしまった過去の歴史に照らしてみても、組織と社会の枠組みが大きく変わっていない以上、ジョブ型雇用もまた同じような経過をたどっていく可能性が高いと考えられる。

03 ジョブ型は時代遅れ？

メンバーシップ型より古い、ジョブ型の起源

これまで述べたように、いざジョブ型を日本企業に導入しようとすると、いくつもの厚い壁が目の前に立ちはだかる。企業組織の枠組みだけでなく、労働市場や教育制度、社会慣行、政策の基本理念まで欧米と異なるところに、雇用システムだけ欧米式のものを持ち込もうとするところに無理があるのだ。

しかし、そこにはもっと本質的な問題が横たわっている。そもそもジョブ型は現在、および将来の経営環境に合わないのではないか、という疑問だ。

それはジョブ型の起源をたどれば容易に気がつくはずである。

一八世紀にイギリスで起きた産業革命は、一九世紀にアメリカなどで第二次産業革

命として展開され、鉄鋼、自動車、化学などの重工業を中心に、従業員数万人、数十万人という巨大企業がつぎつぎと誕生した。

これだけ大きな企業になると、メンバーを管理し業務を遂行するため、ピラミッド型の組織が必要になる。一人の管理職が管理できる人数（「統制の幅」という）には限界があると考えられているからだ。ピラミッド型の組織では、企業全体の業務を事業部→部→課→係というようにブレークダウン（分割）し、一人ひとりに職務が割り当てられる。各個人が割り当てられた職務を確実にこなすことで、巨大組織が機能する仕組みになっている。まるで機械の歯車のような構造なので「機械的組織」と呼ばれる。

当時の重工業は市場や技術などの経営環境が比較的安定していたので、かぎられた種類の製品を低価格で大量に生産することに経営の主眼が置かれた。機械的組織と職務主義（ジョブ型雇用）は、そのような経営環境に適合したシステムだった。

ところが当時と現在とでは、企業を取り巻く環境は大きく異なる。

「変動性」（Volatility）「不確実性」（Uncertainty）「複雑性」（Complexity）「曖昧性」

(Ambiguity) それぞれの頭文字をとって「VUCA」の時代と呼ばれる今日、技術は日進月歩で進化し、市場は目まぐるしく動いている。消費財を生産する製造業を例にとれば、流行のサイクルが短くなった今日、消費者ニーズの変化に応じて絶えず異質な製品を市場に提供し続けなければならないし、需要の変化や経営戦略の変化に応じて必要な労働力の量・質も、仕事や能力の価値も日々変わってくる。

そのような変化に合わせ、その都度一人ひとりの職務内容を見直し、職務記述書を書き換えるというのは非効率である。もっとも、経営環境や経営戦略に応じて人材を入れ替えるにはジョブ型が適しているかもしれない。しかし企業側による解雇の規制が厳しいわが国では、いささか非現実的な話だろう。

ちなみにアメリカなどでも、こうした変化の激しい経営環境に合わせる形で以前から制度の見直しが行われてきた。一定範囲の職務を大くくりにして運用に柔軟性を持たせる「ブロードバンド」などはその一例である。それでもなお、個人の職務を明確に定義して契約するという職務主義そのものが、安定した経営環境と定常業務を暗黙の前提にしており、変化の激しい経営環境に適応する柔軟性に欠けることは否めない。

ジョブ型からイノベーションは生まれない

それはイノベーションとも無関係ではない。

わが国では前世紀末から経済の低迷が続いているが、その一因としてイノベーションの低調なことがあげられている。日本経済は一九九一年のバブル崩壊を機に長期的な低迷期に入った。逆にアメリカ経済は九〇年代にV字回復を遂げたが、それを支えたのが大規模なイノベーションだった。既存の大企業をスピンアウトした起業家や、シリコンバレーに代表されるベンチャー型企業がイノベーションの担い手になったのだ。

アメリカの伝統的な大企業で取り入れられている職務主義のもとでは、一人ひとりの仕事の範囲が決まっているし、新たな課題に挑戦することより、どちらかといえば既存の職務を果たしているか否かに評価の主眼が置かれる。そのため失敗のリスクを冒してまで挑戦しようという意欲は生まれにくい。要するに職務主義はイノベーションに適しているといえないのである。

さらに柔軟性の不足、硬直性という点で見逃せないのが、「つながり」の問題である。インターネットに象徴されるネットワーク化と、経済や社会のグローバル化、ボーダレス化にともない、企業のさまざまな活動が組織内外でつながり、相互作用するようになった。したがって後述するように、いっぽうで個人の比重が高まり、もういっぽうでは人と人との相互依存度が高くなる。

その点、ジョブ型には難点がある。野球にたとえて「三遊間のゴロをだれも捕ろうとしない」としばしば批判されるように、一人ひとりが自分の職務外の仕事をしなくなる。それは職務そのものが機械的に切り分けられ、割り当てられるためである。その結果、単に「スキマ」ができるだけではなく、人と人、仕事と仕事のつながりが弱くなる。たとえば開発部門の人は自分たちの開発した製品が製造しやすいかどうかなど考えないし、製造部門の人は営業部門に届いた顧客の声に耳を傾けようとはしない。それはチームワーク、共同作業のウエイトが高まる時代には軽視できない問題である。

したがって環境の変化に対する適応力やチームワークという点だけに注目するなら、ジョブ型よりもメンバーシップ型のほうがむしろ優れているといえるかもしれない。柔軟性がメンバーシップ型の持ち味だからである。

日本企業では一人ひとりの仕事の分担があいまいなばかりでなく、公式な地位・権限と実際に受け持つ仕事が必ずしも一致していない。たとえば若くて地位が低くても優秀な人材には、実質的に大きな仕事が任されることがあるし、その時々の状況に応じて個人の仕事が増えたり、減ったりする。いわば「融通無碍」なのだ。

そして、このように柔軟な仕事の配分や執務体制がイノベーションを生むケースも少なくない。もっとも、大きな仕事、たくさんの仕事をこなした人、イノベーションの種《たね》を見つけた人が、仕事や成果に応じた報酬を手にするわけではない。要するに貢献と報酬が対応していないのであり、そのことが大きなイノベーションを生み出せない原因の一つにもなっていると考えられる。

なお、これらの点については第五章であらためて論じることにしたい。

標準化された仕事ほどITに弱い

つぎにジョブ型を個人の立場から考えてみよう。

カギになるのが「専門化」（specialization）という概念である。

組織学者のV・A・トンプソンはかつて、「専門化」を「人の専門化」と「課業の専門化」に分けた。（注3）「人の専門化」は個人が自分の存在諸条件に順応するため分化していくこと、「課業の専門化」は仕事を細かく分割する組織のプロセスをいう。

前者の例としては、医師が医学を発展させ、専門職業仲間から認められるため専門領域を細分化していったプロセスをあげる。いっぽう後者の例としては、産業界における労働の微小分割、すなわち分業をあげている。

ここからわかるように、ジョブ型は「課業の専門化」によってもたらされたものなのである。他方の「人の専門化」によって生まれた各種専門職は、職業社会学的にいうとプロフェッショナルである。一部には専門職の働き方をジョブ型の典型のように主張している人もいるが、それをジョブ型に含めるのは、明らかな拡大解釈だといわねばならない。

世間ではしばしば仕事が属人化しやすいメンバーシップ型の日本企業に対し、ジョブ型のメリットとして仕事が標準化され「属人的ではない」ことがあげられる。標準化されれば欠員が出たときに補充しやすいし、個人にとって転職が容易になるというメリットがある。しかし裏を返せば、いつでも取って代わられやすいことを意味する。いわゆるギグワーカーや派遣社員などの労働実態を見れば、それは容易に理解できるだろう。そして転職しやすくなるという側面も、産業別・職業別の労働組合が未発達のわが国では、個人にとって大きなメリットにはなりにくい。

取って代わられる競争相手はほかにも存在する。最大の強敵は技術、とりわけITだ。仕事内容が細分化、標準化されるほど、ITに代替されやすい。周知のようにIT、とりわけAIなどが爆発的に進化している。そのなかで仕事の細分化・標準化を原点とするジョブ型がどれだけ生き残れるか懸念されるところである。逆に仕事が属人的で人間関係や勘、コツなどが大きなウエイトを占める日本企業特有の働き方のほうが、AIの時代にも生き残る可能性は高いといえよう。

デジタル化やグローバル化への対応でほかの先進国に後れをとり、年功序列制の弊害を実感した日本企業は、メンバーシップ型からジョブ型への転換によって事態の打開を図ろうともくろむ。しかしジョブ型導入には、幾重もの厚い壁があることが明らかになった。しかし、だからといって元のメンバーシップ型に戻すとか、両者の折衷に落としどころを探るのでは、いつまでたっても発展はない。そして、そもそも導入をめざしているジョブ型そのものが、はたして目標に値するものかを冷静に考えるべきだろう。

第三章と第四章では、メンバーシップ型、ジョブ型とは別次元の働き方を紹介し、第五章以降ではその特徴がどこにあるのか、わが国の人、企業、社会にどれだけの恩恵をもたらすことができるかどうかを詳しく述べていくことにしよう。

（注1）濱口桂一郎『新しい労働社会―雇用システムの再構築へ』岩波書店、二〇〇九年
（注2）リクルートマネジメントソリューションズ 組織行動研究所「個人選択型ＨＲＭに関する実態調査」
（注3）Ｖ・Ａ・トンプソン〈大友立也訳〉『洞察する組織 ―組織一般理論』好学社、一九七一年

第三章

自営型という新たな選択肢

01 自営業復活の追い風

シリコンバレー流のキャリアチェンジ

アメリカのシリコンバレーで技術系のコンサルタントとして活躍する五〇代の男性、N氏。新卒で日本の某大手電機メーカーに就職したが、自ら希望してシリコンバレーの拠点に赴任。技術者として勤務し、製品開発をすべて任され業績に連動する報酬が与えられていた。そこへヘッドハンティング会社から声をかけられ、変化を求めて現地の企業へ転職した。その会社でスタートアップへの投資に携わった後、数年前にフリーランスとしてコンサルタントの仕事を始めた。

工業デザイナーのI氏も同じく日本企業からシリコンバレーに派遣され、現地勤務を経て独立した一人だ。一貫して電気製品のデザインに携わってきた彼は、世界各地のグラフィックデザイナー、メカニカルエンジニア、プログラマーなど多様な人たちとネットワークでつながり、テーマごとに必要なメンバーと協力しながら仕事を進めている。仕事場は自宅だったり、カフェだったり、自然のなかだったり、気分よく仕事ができる環境で自由に働く。典型的なノマドワーカーだ。

二人に共通するのは当初、国内の日本的雇用システムのもとで働いていたが、シリコンバレーに移ってきてからは、裁量権の大きな半ば自営業的な働き方ができるようになり、さらにフリーランスすなわち正真正銘の自営業へと自らの意思で転身したことである。そして二人ともいまの働き方に満足していると語る。

もちろん雇用には雇用のよさがあり、フリーランスにはフリーランスのよさがある。仕事をしてキャリアを形成するうえで、また生活するうえでどのような働き方が適しているかを見定めて選択するのもシリコンバレー流だ。

四〇代のアメリカ人エンジニアのM氏もその一人。彼はアメリカのIT企業でキャリアをスタートさせ、それから大手メーカーに転職した。そこで一〇年弱働いた後、会社を辞めてフリーランスになった。そして現在は以前と違う業界のメーカーに勤務している。彼は雇用からフリーランス、そしてまた雇用と就業形態が変わるたびに、安定性、責任、裁量の大きさを伸縮させながらキャリアを形成してきた。

ここにあげた三人のキャリアや働き方は、シリコンバレーではとりたてて珍しいわけではなく、むしろ標準的な部類に入る。またI氏のようにフリーランスやスタートアップ企業の社員たちがネットワーク上で新たな組織をつくるのも、シリコンバレーではごく普通に見られるスタイルだ。

いずれにしても、日本でいまはやりのジョブ型とは明らかにベクトルが違う働き方である。ジョブ型は組織主導で仕事の範囲や内容が決まるのに対し、これらのケースでは個人主導で仕事の範囲も内容も変えられていく。その点、ジョブ型とは真逆といってよい。

留意すべき点は、それがシリコンバレーというある意味で特殊な世界でのみ起きている現象ではないということである。

中国・台湾に見る「後発者の利点」

私は二〇年余り前から日本式雇用システムとは異質で、なおかつ典型的なジョブ型でもない新たな働き方の可能性を探るため、シリコンバレーのほか、中国、台湾、インド、イタリア、それに北欧などの国や地域をたびたび訪ね、企業の経営者や管理職、現場で働く人々に聞き取りを行うとともに、職場の様子を観察してきた。すると、そこにはメンバーシップ型やジョブ型とは明らかに異なるタイプの働き方が存在することがわかった。

具体的な事例を紹介しよう。

台湾の新北市にある広告会社のC社では、メーカーから仕事の依頼を受けると、世界中に張り巡らされた独自のネットワークを使い、ITハードウエアなどの紹介を行う。本社の社員は一〇人足らずだが、そのほか世界各地に雇用や業務委託で三〇人ほどの従業員を配している。特徴的なのは、全員が自営業者のように独立して仕事をこなしていることである。以前の本社では社員が一緒に仕事をしていたが、取材時

（二〇一八年）は一人ひとりがプロジェクトを企画してインターネットで世界中に発注する方式をとっている。

また台北市にある中小企業のK社では、中国や日本の電機メーカーから委託を受けて電気製品を製作している。ここでも社員はそれぞれ独立して開発、営業、ネット販売の仕事に携わっている。ただ仕事の内容や範囲は伸縮自在で、新たに異質な仕事が入ってくるとだれかがそれを引き受け、一定の業務量に達すると新たに社員を雇用するか、担当する社員が独立して受け持つことがあるという。一例をあげると、同社では日本から輸入した肉の販売も行っているが、需要が増えたらもう一人雇って丸ごと任せることを考えているそうだ。

これらと似た事例は、日本の中小企業でもしばしば見られるかもしれない。ただ台湾では、このようなスタイルが一般的であり、ヒアリングに帯同した日本企業の現場にも詳しい技術者は、同じ業種・規模でも日本なら個人に任せず数人の部署単位で担当するのが普通だと語っていた。

中国や台湾で特徴的なのは、企業に雇用されていても半ば自営業者のような裁量権を持ち、働き方や言動の面でも自営業者と区別がつかないような人が多いことである。たまたま会った別の会社の担当者どうしが、その場で取引を決めてしまうケースもある。細かなところまで上司に相談しないと決められない、日本企業の社員とは対照的だ。

このような働き方について、いまから二〇～三〇年前には経営学者の間でも、組織やマネジメントが先進国の企業ほど整備されていないためだという見方が大勢だった。すなわちキャッチアップ途上の経営システムと受け止められていたのである。

ところが、いまや中国のGDPは日本のはるか上をいき、台湾は一人当たりGDPで日本を抜くような時代だ。結果がすべてというわけではないが、いまとなってはむしろIT化の恩恵を生かし、変化の激しい経営環境に適応した先進的なシステムとして評価すべきではなかろうか。整備されたメンバーシップ型やジョブ型が存在しなかったため、新たな環境に適したシステムを取り入れやすかったという、「後発者の利点」が生かされているともいえそうだ。

高級ブランドを扱う職人集団

いっぽう、世界的に知られた一流ブランドの製品を委託されてつくる中小企業や自営業者が多いイタリアでは、伝統的な技術や技能を最大限に生かした仕事が注目されている。その仕事に携わる技術者、デザイナー、職人たちの多くは自営の身分で会社と契約し働いている。

ヴェネチアにあるN社は二〇〇三年に訪問した当時、自動車、精密機械、医療機器から宝飾にまで関わるハイテク機器の開発や販売を行う従業員一二人の会社だった。会社と従業員の関係は柔軟で、なかには自営の身分のまま会社に入って仕事をしている人もいた。ある従業員は、同社が提供した製品が顧客の要望に合っているかどうかを確認し、技術的なサポートを行ったり機械の使用法を教えたりする、アプリケーションエンジニアという仕事に携わっていた。彼はれっきとした個人事業主だが、会社どうしの契約を結び、実際に働いた時間で報酬が支払われる仕組みになっていた。また別の人は「継続協力者」という、他社でも仕事ができる制度を利用し働いていた。

製品の特徴を丸ごと知り尽くした高度な技術者や、アートのセンスを生かすデザイナーを小さな企業で育成したり、抱え込んだりすることは難しい。そのため同社のように、自営の身分で会社と契約を結ぶほうが適しているそうだ。

しかし同じイタリアでも、比較的規模が大きな会社のなかには、内部で人材を育成できる会社も存在する。

ミラノ郊外にある創業七〇年を超える歴史を持つ高級女性靴の老舗メーカー、B社。同社の立地する地域は高級靴の製造で知られており、グッチなど有名ブランドから委託を受けて製造している。「一足として同じ靴はない」をモットーに、従業員にはアーティスティックな仕事を徹底的に教える。二〇一八年の訪問当時、B社には二五〇人の従業員がいたが、靴づくりに対して情熱を持つ若者を海外から集め、徒弟制のもとで長期にわたって技術を学ばせたという。こうして経験を積むうちに、だんだんとデザイナーと製造に携わる人とのコラボレーションができるようになるそうである。

現場で彼らの仕事ぶりを観察していると、一人ひとりが複数の工程を処理しており、まさに職人の集団である。標準的な製品を効率的に生産するにはジョブ型が適しているが、同社のような高級ブランドの製品をつくるのには、一人でまとまった仕事をこなせる職人を活用するか、あるいは社員でも自営業のような働き方をさせるのが適しているようだ。

コロナ禍で加速した雇用からフリーランスへの潮流

「まえがき」で述べたように、本書では「組織に属しているか否かにかかわらず、半ば自営業のようにある程度まとまった仕事を一人でこなす働き方」を「自営型」と定義している。ただ個人経営の農家や商店など純然たる自営業は、統計数値として扱う場合などを除き対象としない。すなわち何らかの形で組織と関わりながら働く人に焦点を当てている。

ここで紹介したように海外、それもジョブ型が主流だといわれる欧米でも、自営型の働き方は以前から確固たる地位を占めている。しかも注目すべきなのは、デジタル化の進展に後押しされるように、このような働き方がいっそう増えていることである。

それは日本国内でも同じだ。クラウドソーシング事業を行うランサーズの推計によると、日本国内のフリーランス人口は、調査が開始された二〇一五年以降二〇一九年までは一〇〇〇万人前後で推移していたが、コロナ禍のもとで急増し、二〇二一年には一五七七万人に達した。

実人口そのものはフリーランスの定義によって大きく異なるが、コロナ禍を機にフリーランスの増加に拍車がかかったことは間違いなさそうだ。

大きな要因は、コロナ禍で広がったテレワーク導入により、雇用という就業形態の不都合な面が表面化したところにあるといえよう。

一つは、時間的な制約である。たとえばテレワークだと物理的には仕事の合間に休んだり、個人的な用事を済ませたりできる。自分の仕事を短時間で片づけられる人もいる。それでも勤務時間が決まっている以上、仕事から離れられない。また顧客対応の仕事や海外と取引するような仕事では、固定的な勤務時間が大きな障害になる。

もう一つは処遇に差をつけづらい点である。テレワークを導入すると、業種や職種によっては、仕事ができる人とできない人との格差がはっきりする。しかし雇用という形態をとる以上、基本的には勤務時間に応じて報酬を支払わなければならないし、社員間で処遇に大きな差をつけることも難しい。それに対して悪平等だという不満や不公平感をうったえる社員が目につくようになったといわれる。いっぽうでテレワークが普及することにより、企業がフリーランスを活用しやすくなった。

そこで就業形態の見直しを考える企業が出てくる。なかにはテレワークを取り入れたところ、雇用という形態をとる必要はないことを実感し、会社と個人が合意したうえで業務委託に切り替えたというケースも少なくない。

さらに、マクロ的な要因も働いていることは明らかだ。コロナ禍で仕事が激減した会社があるいっぽう、逆に労働力不足にあえぐ職場もある。しかし雇用制度のもとでは労働力の調整や企業間の移動は容易でない。とりわけ昨今、DX人材などへの需要が急速に高まっているが、雇用という枠組みのなかでは高額の報酬で短期的にタレント人材を活用するのは難しい。そこで企業は手っ取り早い方法としてフリーランスの活用を考える。ちなみにかなり古い調査だが、労働政策研究・研修機構が二〇〇四年に行った調査(注1)では、企業が業務委託契約を活用する理由を聞いた。回答は「専門的業務に対応するため」(六三・六%)、「即戦力・能力のある人材を確保するため」(五五・九%)が一、二位を占めている(複数回答)。

要するにテレワークと並行して専門人材への需要が急速に高まり、それが業務委託という働き方とマッチしたわけである。

冷静に見ればわかるように、画一的・硬直的になりやすい雇用という制度の問題は、コロナ禍が原因となって生じたわけではなく、ＩＴ化やソフト化を中心にしたポスト工業社会への移行にともない徐々に表面化していった。それがコロナ禍、とりわけテレワーク導入という有無をいわせぬ外的要因によって一気に加速したわけである。背景には通信機器の普及などテレワーク環境の整備があることはいうまでもない。

いずれにしても雇用から自営へという大きな潮流ができたことは事実である。業種によっては非雇用者が社内の多数派になり、極端な例として社長以外はすべてフリーランスという会社もあるくらいだ。

自営化が「人材囲い込み」の壁を崩す

そして雇用からフリーランスへの移行は、結果的に組織の壁を越える人材活用にもつながる。

近年、フリーランスが既存の企業とコラボするケースが目立つようになった。たとえば大企業で長年、人事や社員の能力開発に携わっていた人が独立し、独立後は人事のコンサルタントとして仕事をする。その一環として、元の会社の人事や能力開発の仕事を請け負うというようなケースだ。勤めていた元の会社からウェブマーケティングの仕事を請け負っている人もいる。職人やデザイナーなどが、新たに大企業の業務の一部を請け負うケースも増えている。伝統工芸家や老舗商店の持つ技術やブランドは、大企業にとって喉から手が出るほどほしいに違いない。リモートで仕事ができるからこそ、その活用が可能になったのである。

技術革新をはじめ経営環境の変化が激しくなるほど、企業としては機動的な人材確保が必要になる。その典型がＤＸ人材だ。ＳＯＭＰＯホールディングスでは、ＤＸを担う部隊を当初からフリーランス中心に組織編成した。社内で人材をゼロから育成する余裕がないという事情に加え、社外の人材が新しい風を吹かせることで生まれる「化学反応」への期待もあったという。（注2）

企業側からすると社内では得られない高度な専門能力を活用できるし、フリーランスにとっては安定した仕事と収入を確保できるうえ、大きな仕事に携わることがスキルアップにもつながるというメリットがある。まさに双方の思惑が一致したわけである。

組織の壁を越える人材活用は、大都市と地方とを結びつける力にもなっている。地方の中小企業では、高度な専門能力を備えた人材を雇用することが難しい。そこで月に一度か二度、大都市の経営コンサルタントやＩＴの専門家にリモートで業務を請け負ってもらうようなケースがある。大企業の副業人材を活用する地方の企業も増えている。

わが国は社員の解雇が厳しく制限されているため、企業にとって雇用の調整が難しい。しかしネット上での副業を認めるようにすれば、自社の労働力をかなり柔軟に調整できる。社内の仕事が少ないときは労働時間を減らし、副業で稼いでもらうという選択肢を示せるからだ。また後述するように、副業がきっかけとなって転職や独立をするケースもある。マクロ的に見れば、それが結果として労働力の流動化をもたらし、自営型の働き方が増加することにもつながるだろう。

ネット社会、VUCA時代には、雇用という働き方そのものの適合性が問われるのかもしれない。

リモートで組織の束縛から解放される専門職

もう一つ、注目したい現象がある。プロフェッショナル（専門職）の働き方に変化の兆しが見えることだ。

歴史をさかのぼれば、医師、弁護士、科学者などのプロフェッショナルは、独立自営で働くのが普通だった。彼らはもともと自由と独立を好むうえ、そもそも専門的な仕事には自律性が欠かせないからである。しかし個人営業は自由な半面、専門的な仕事以外に、クライアントへのサービスをはじめ、さまざまな雑務をこなさなければならない。また独立自営の場合、どうしても仕事の幅が広くなり、専門の仕事に特化できない。

その点、大病院、大手弁護士事務所、研究機関などに所属すると、雑務は担当するスタッフが処理してくれるので、プロフェッショナルとしての仕事に専念できる。また医師なら脳神経外科や腫瘍内科、弁護士なら離婚訴訟や人権裁判、研究者なら流体工学や教育心理学というように得意とする専門領域に特化することもできる。そのため、多くのプロフェッショナルは専門性が強く要求されるようになるにつれ、自由を犠牲にしても組織に雇用されて働く道を選ぶようになった。なお、このようなプロフェッショナルの組織化については、E・O・スマイゲルの古典『ウォール街の弁護士』(注3)に詳しく描写されている。

ところがネット社会の進行は、自由をとるか、仕事の深化をとるかという葛藤からプロフェッショナルを解放する。ITのさまざまなツールを活用すれば、フリーランスでも組織に属して働くのと同様の恩恵を受けられるようになったのだ。実際、医師や研究者のなかにはフリーランスの身分で複数の機関と契約したり、スポット的に仕事を請け負ったりするケースが増えている。プロフェッショナルにとっては、自由を犠牲にしなくても自分の能力を最も生かせる場が選べるわけだし、組織にとっても最適な人材を必要な時間に活用できるのはメリットが大きい。IT化、デジタル化は、プロフェッショナルの組織への取り込みという歴史的な流れを逆流させる可能性を持つといえそうである。そうなると組織の形態も、後述する「インフラ型」に自ずと近づいていくだろう。

もちろんフリーランスへの移行は伝統的なプロフェッショナルにかぎった話ではない。デザイナーやIT技術者、コンサルタント、それに営業、企画、編集、設計といった仕事に携わる人のなかには組織の制約から逃れるため、技術的な条件、それに公正取引の保障や社会保障などの制度さえ整えば、フリーランスを選択する人が今後増えてきそうだ。その点では、まず二〇二三年に成立した「フリーランス保護法」が今後フリーランスの増加にどれだけ影響をもたらすか注目される。

02 雇用と自営が地続きに

社員とフリーランスが混在する職場

いま起きている働き方の潮流を俯瞰すると、そこには一つの特徴が浮き彫りになる。産業革命以降、雇用労働者が増加し、人々の多くが企業等の組織に雇用されて働くようになった。彼らは安定した地位や収入を得るのと引き換えに、労働条件から仕事の進め方まで組織の規則、命令にしたがい、組織の一員として行動することが求められた。他方には、減少しつつあるとはいえ農家、商店主や職人のように組織に属さず、独立して働く人が残った。つまり雇用と自営に二極分化し、両者の間にはいろいろな面で大きな懸隔が横たわっていたのである。

ところが近年、逆に両方の働き方が接近し、境界があいまいになってきている。情報、サービスなどの業界では社員の行動管理を最小限にとどめ、歩合制のような形で報酬を支払っている会社がある。いっぽうで自営業、フリーランスも自らのネットワークで組織化し、なかには組織の一員として社員と同じように働いているケースもある。多くの場合、雇用か自営かは、単に制度上の有利・不利だけで決められているといっても過言ではない。

キャリアの面でも雇用と自営が地続きになってきている。

先に紹介したケースのなかでも、シリコンバレーで働くM氏のように雇用とフリーランスを行ったり来たりしながらキャリアを形成するパターンや、台湾のK社のように仕事が一定量に達したらその仕事を持って独立していくパターンなどは、雇用と自営を隔てる壁が低くなっていることを物語るものだ。

国内に目を転じると大手広告代理店の電通や、計測器メーカーのタニタのように社員の一部を個人事業主に切り替え、社員と個人事業主が同じ会社で一緒に働くケースも目立つようになった。

たとえばタニタの場合、会社と本人の意思が一致することを条件に、社員がいったん退職し、新たに個人事業主として会社と業務委託契約を結んで働く制度を二〇一七年に取り入れた。技術、営業、管理、事務など役職・職種に制限なくこの制度を利用でき、タニタの業務以外の仕事を引き受けることも可能だ。二〇二三年六月現在、二七人がこの制度を利用しているという。

いっぽう電通では退職した社員が同社の設立した会社と一〇年間の業務委託契約を結び、在職時の給与に基づいた固定報酬に加え、成果に応じた報酬を受け取ることになっている。同社のように退職した元社員と契約するケースは欧米などでは一般的だが、日本企業にはまれだった。

退職者をネットワークでつなぐアルムナイ制度

かつての日本企業には、退職した人を「裏切り者」扱いするような風土があった。実際に退職の意思を伝えたとたん、社内でだれも口をきいてくれなくなったとか、辞めるときに塩を撒かれたという人もいる。

しかし近年は日本の大企業でも、同窓生を意味する「アルムナイ」という退職者のネットワークをつくり、会社が退職者と契約して仕事を発注するケースが増えてきた。会社としては能力や人柄がわかっているので安心して仕事を任せられるし、個人にとっても安定的に仕事を確保し、収入が得られるというメリットがある。双方の利益が一致しやすいわけだ。今後は共存共栄のシステムとして、日本でもいっそう普及していくことが予想される。

ただし社員とフリーランスが社内で一緒に働く姿が見られるのは、このような制度を取り入れている会社にとどまらない。第三次ベンチャーブームといわれた一九九〇年代後半から二〇〇〇年にかけて、全国各地のベンチャー企業を取材すると、混在型就業モデルの萌芽ともいえるような形態がすでに芽生えていた。

液晶パネルの検査装置を製作しているT社では、従業員二五人のうち五人が業務ごとに会社と契約を結ぶ「歩合制社員」として働いていた。また映画制作などを手がけるR社は約二〇〇人の従業員に複数の契約形態を取り入れており、期間を定めた二種類の雇用に加えて業務委託と外注を活用していた。このうち業務委託は社員と外注の中間に位置づけられ、半年、一年という期間で契約し、一定の委託料が支払われる。社内には個人の席が用意されているが、委託業務をこなすこと以外は出社義務を含め縛りはいっさいないということだった。(注4)

そのほかマスコミや出版など情報系の企業では、社員とフリーのプロデューサー、記者、ライター、フォトグラファーなどがチームを組んで仕事をするスタイルが近年、いちだんと進んでいて、チームのほぼ全員がフリーランスというケースも珍しくない。

増加する副業からの独立

もう一つ、大きな趨勢として注目されるのが先に触れた社員の副業であり、雇用から自営への橋渡しをする役割を果たしている。

その副業が増える一つのきっかけになったのが、政府の政策転換である。

かつては政府が社員の副業解禁に消極的な態度をとり、厚生労働省のモデル就業規則では、労働者の遵守事項における副業・兼業に関する規定で「許可なく他の会社等の業務に従事しないこと」と定めていた。ところが数年前から一転し、成長戦略や働き方改革の一環として副業を推進する方向に大きく舵を切った。同省は前記の規定を削除し、二〇一八年に策定したガイドラインでは、企業の対応についての考え方として、「原則、副業・兼業を認める方向とすることが適当である」と明記した。

経団連も二〇二〇年にまとめた「新成長戦略」のなかで、働き方改革の一環として副業を奨励している。

そうした追い風を受け、近年は社員の副業を容認する企業が増えている。パーソル総合研究所の調査によると、社員の副業を容認している企業は二〇一八年の五一・二%から二〇二一年には五五・〇%へと増加した。とくに注目されるのは、全面容認している企業が一四・四%から二三・七%へと大幅に増えたことである。

ソフトウエア開発会社のサイボウズは就業規則で、「正社員は、会社の資産を毀損する可能性のある場合を除き、副業を行うことができる」と定めており、勤務時間外であれば基本的にどんな副業をしてもかまわない。社員の三割程度が実際に副業をしており、フォトグラファー、ユーチューバー、経営コンサルタント、カレー店など自営で働いている人も多いそうだ。

社員の副業を容認している企業のなかには、労務管理上の問題などから副業を雇用以外と限定しているところもあり、それが副業としての自営が増加する一因になっていると考えられる。副業者のなかには将来の独立を視野に入れ、とりあえず副業で自営として働き、会社を辞めてもやっていけるめどが立ってから独立する人が少なくない。

いっぽうには副業者を組織化する団体や会社も登場してきた。

二〇一三年に設立された一般社団法人Work Design Labは、一八〇人（二〇二二年一〇月現在）のメンバー全員が「複業ワーカー」であり、会社員、経営者、フリーランスなどで構成されている。企業・行政・大学等と連携しさまざまなプロジェクトを推進している。（注5）

いっぽう大阪に本社を置くPeople Treesという会社は、メンバー四六人（二〇二三年六月現在）のうち二人の代表社員を除く全員が大企業などに勤務する副業者か、かつて大企業で働いていて現在は独立している兼業者である。メンバーは本業で身につけた知識や専門能力を生かし、主にリモートで他社の人事制度づくりやコンサルティングなどの仕事を行っている。なかには海外に在住している人や、退職した元の会社で週に何日間か働きながらPeople Treesで仕事をしている人もいる。とくにフリーランスの人にとっては、会社に所属することで社会的信用が得られるなどのメリットもあるようだ。

工業社会の進展によって人々は物理的、制度的に組織化され、雇用労働者として働くことを余儀なくされた。ところがポスト工業化、とりわけＩＴ化によって人々は物理的、制度的な制約から解放され、再び自営業として働くことができるようになったのである。

03

組織はインフラに

「組織は仕事するための場」

ここまでメンバーシップ型やジョブ型に代わる自営型の働き方について、その一形態を紹介した。なお、もう一つの形態については次章で取りあげる。

注意すべき点は、働き方と組織とは一体だということである。働き方のベースになるのが組織だといってもよい。ジョブ型雇用が日本企業に適合しないのも、日本の企業組織と欧米のそれとが異質なところに大きな理由がある。日本企業特有の共同体型組織に、働き方だけ欧米式のスタイルを取り入れようとしても「木に竹を接ぐ」ようなものであり、うまく機能しない。

そして自営型の働き方には、それに適した組織のスタイルがある。もっとも後述するように自営型はジョブ型と違って柔軟性が高いため、従来の組織にも自営型が導入不可能というわけではないが。

シリコンバレーの起業家やスタートアップで働く人たちに対して自身の組織観について質問すると、異口同音に聞かれるのが「組織は仕事をするための場」だという言葉である。そして日本の組織でも働いた経験のある人たちは、日本では組織からさまざまな制約を受けていると感じ続けていたが、こちらでは組織が自分にとってマイナスになることはないと言い切る。組織に対するイメージがまったく違うのである。「近代組織論の祖」と呼ばれるC・I・バーナードは、一人では動かせない大きな石を動かすという素朴な例をあげながら、「個人ではやれないことを協働ならばやれる場合にのみ協働の理由がある」と述べている。(注6)そのうえで「組織とは意図的に調整された人間の活動や諸力の体系」と定義する。(注7)

要するに組織の本質を追究すれば、社屋や機械・設備などはもとより人間そのものさえ必要ではなく、私たちがイメージする企業などの組織はあくまで目的追求のための手段に過ぎないことを意味している。したがってシリコンバレーの住人たちが口にする「組織は仕事をするための場」という認識は、バーナードのいう組織づくりの原点に返った、ある意味でオーソドックスな考え方だといえよう。

「規模の不経済」「制度の不経済」から脱却

しかし産業革命以降の「組織の時代」には、効率性を追求するあまりに組織づくりの原点から離れ、先に組織があり、それに合わせて働くという本末転倒が「常識」になってしまったのである。とりわけわが国のような共同体型組織では、組織そのものが独り歩きする傾向が強い。なかには本来の必要性や合理性から離れ、組織が単に「特殊利益の獲得手段」と化してしまっているケースもある。

注目すべき点は、ＩＴ化やソフト化によって歴史の歯車が逆回転し始めていることである。

産業革命後に続いた工業社会、とりわけ少品種大量生産の時代には、いわゆる「規模の経済」が働いた。モノを生産するにも、生産物を移送するにも、販売するにも、まとめて大量に行ったほうが単位当たりの費用が小さくなる。そのため必然的に大きな企業、大きな組織が志向される。社員数万人、数十万人という企業や、数千人が一堂に会して働く工場、商品が山積みされた大規模小売店などはその象徴だ。

ところが技術革新により、多くの人手に頼らなくても大量生産、大量販売ができるようになった。無人化工場や無人化店舗などはその象徴だ。また製品の価値もハード面、すなわちモノ自体の価値より、製品に内在する技術やデザインのようなソフト面の価値のほうが圧倒的に大きなウエイトを占めるようになった。そして製品に対するニーズも、「重厚長大」から「軽薄短小」へとシフトしていった。

さらにITの進化・普及によって、人が一か所に集まって一緒に働かなくても業務がこなせるようになった。抽象的に表現すれば「機能と行動の切り離し」、すなわち人間の行動はバラバラでも組織としての機能を果たすことが可能になったのである。管理職が担ってきた役割の大きな部分を占める、情報の伝達、集約、仕事の割り振りなども、いまではインターネットやウェブ上のツールで代替できる。

そうなると逆に大きな組織や、社内のさまざまな制度、ルールが生産性に対してマイナスに作用するケースが増えてくる。たとえば大きな組織は環境の変化に応じて事業内容を変えたり、人員を入れ替えたりすることが難しい。小回りがきかないのである。また大規模な階層型組織では意思決定に時間がかかり、コミュニケーションの質が低いといった弊害も出てくる。さらに組織の枠や制度に縛られて、人間の能力や意欲が十分に発揮されないという問題も顕在化する。

要するにポスト工業社会への移行が進むにつれて「規模の経済」どころか、「規模の不経済」あるいは「制度の不経済」が働くようになるのである。そうすると旧来の組織や制度を大幅に簡素化したり、場合によっては組織の枠組みを取り払ったりするほうが効率的になる。

そこに登場するのがまったく新しいタイプの組織である。

「仕事をするための場」としての組織。私はそれを敷衍し、「インフラ型組織」というモデルを提示した。(注8) 公共交通や道路、通信設備、安全・衛生環境などのインフラストラクチャー(社会基盤)と同じように、「組織は個人が仕事をするためのインフラ」というイメージである。

図3―1はメンバーシップ型、ジョブ型、自営型の働き方と、それぞれに対応する組織の形態を表したものである。

共同体型組織は上下の序列はあるものの、命令―服従の関係が必ずしも明確でなく、個人が組織に溶け込んでいるところに特徴がある。いっぽう機械的組織は階層の序列や、命令と服従の関係、それにメンバー一人ひとりの権限や責任が明確に定められている。文字どおり機械のような構造の組織である。なおT・バーンズとG・M・ストーカー(注9)は機械的組織と有機的組織を対比しているが、共同体型組織は有機的組織に近いといえる。

共同体型組織も機械的組織も、実線で表したように組織の内外を隔てる壁があり、市場や顧客などの環境に対する適応の主体は組織である。そのため個人はあくまでも組織の一員として、すなわちバーナードのいう「組織人格」で行動する。顧客に対して「わが社では」「当社としては」などというのはその表れである。

それに対してインフラ型組織では、個人が主体となり直接、市場や顧客と対峙する。

図3-1
組織のイメージ図

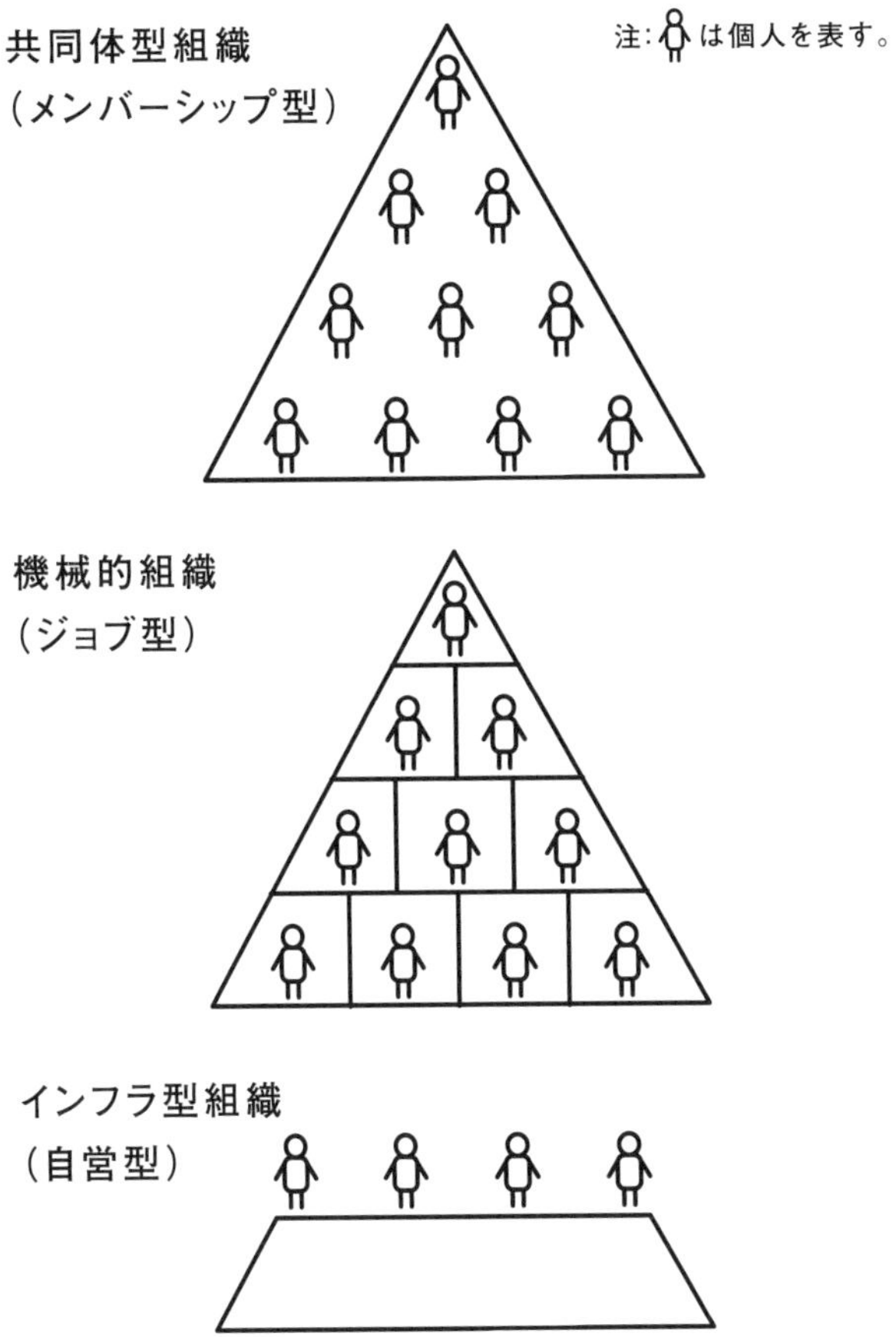

メンバーどうしの関係は基本的にフラットであり、組織は個人の活動を支援することに重点が置かれる。たとえるなら舞台の上で俳優が演技をするイメージである。

シリコンバレーにかぎらず国内外のＩＴ系企業、スタートアップ、それに営業やサービスといった業種の一部では事実上、インフラ型に近い組織が少なくない。大企業でも顧客に接する現場を上にした、逆ピラミッドの組織図を掲げるところがしばしば見かけられるようになったが、これらも理念としてはインフラ型に近い。

インフラの中身は？

多くのケースに共通するのは、意識してインフラ型の組織を設計したわけではなく、仕事がしやすい環境づくりをめざして試行錯誤した結果、このような組織になったということだ。ちなみに、かつて大企業の社員を対象に行った調査では、同じ社員でも研究職はインフラ型組織を指向する傾向のあることが明らかになっている。(注10)

そして、いっぽうには自営型の働き方が広がるにつれ、ある意味でインフラに特化した組織も誕生してきた。

一例として、インターネットサービスの運営事業を行うクラウドワークスは、「個のためのインフラになる」ことをミッションに掲げている。具体的な事業として、バックオフィス業務のサポートや、副業・兼業のマッチングサービスなどがあげられている。(注11)

もっとも、組織に求めるもの、すなわちインフラの中身は業種、職種によって異なる。ただ一般的にいうなら、かつては成果をあげるために必要な資金のほか、優れた機械、設備などハード面が大きなウエイトを占めたが、IT化や経済のソフト化にともない、インフラの中身もソフト面の重要性が高まっている。

研究開発やデザインなどクリエーティブ系の仕事にしても、営業やマーケティングの仕事にしても、必要なものとして最先端で良質な情報を第一にあげる人が多い。また前者では、周辺業務を処理してくれる体制や、優秀でかつ互いに補完し合える仲間の存在も重視されている。

そのほか個人として活動するうえでの弱点を補う役割も重要だ。具体的には会社のブランドや信用、それに万が一仕事で失敗したときの保障体制やリスクヘッジなどがあげられる。

注目すべき点は、こうしたソフト面におけるインフラの機能が今後、進化したＡＩやインターネットによって代替されていくことである。たとえばビジネスのマッチング機能も備えたバーチャルオフィスは急速に普及しているし、管理者や階層がなく、コミュニティのメンバーの投票によって運営されるＤＡＯ（分散型自律組織）のようなサイバー空間上の組織も、インフラ型組織の一種といえる。

組織は巨大に、個人は自由に

さらに将来を展望すると、単純な図やコンセプトでは表せないようなインフラの姿が頭に浮かんでくる。インターネットや３ＤプリンタなどをはじめとしたＤ Ｘの進化により、企業間や国境を超えた結びつきがいっそう強まる。したがって機能の面での組織化は進み続けるに違いない。しかしＩＴの時代の特徴は、システムと人が連動しないところにある。いくらシステム化、組織化が進んでも人は好きなところに住み、自分で仕事を選択しながら働くことができる。少なくとも技術的にはそれが可能だ。それが前述した「機能と行動の切り離し」である。

個人の立場からすると、機能と行動を分離することで、情報や生産、サービスのシステムをインフラとして活用しながら自律的に働いたり、活動したりできるわけである。

いずれにしても、ピラミッド型をした組織のイメージそのものが過去のものになる時代はそう遠くないかもしれない。

（注１）労働政策研究・研修機構「就業形態の多様化と社会労働政策」
（注２）二〇二一年三月一六日付「日本経済新聞」
（注３）Ｅ・Ｏ・スマイゲル〈高桑昭・高橋勲訳〉『ウォール街の弁護士』サイマル出版会、一九六九年
（注４）太田肇『ベンチャー企業の「仕事」―脱日本的雇用の理想と現実』中央公論新社、二〇〇一年、六三～六五頁
（注５）一般社団法人 Work Design Lab のウェブサイトより
（注６）Ｃ・Ｉ・バーナード〈山本安次郎・田杉競・飯野春樹訳〉『新訳　経営者の役割』ダイヤモンド社、一九六八年、二四頁
（注７）同右、七五頁
（注８）太田肇『仕事人（しごとじん）と組織―インフラ型への企業革新』有斐閣、一九九九年

（注9） T. Burns and G.M. Stalker, *The Management of Innovation*, London: Tavistock, 1961

（注10） 太田 前掲、一九九九年、第三章

（注11） クラウドワークスのウェブサイトより

第四章

台頭する自営型社員

01 「職人」への回帰

萌芽はネット化以前に

前章では日本社会のなかに自営業、フリーランスとして働く人が台頭していることを紹介した。

しかし、それは現在進行しつつある「自営化」の一側面に過ぎない。「自営化」には、統計数値に表れないもう一つの側面がある。企業の社員、すなわち雇用労働者でありながら、半ば自営業のように一人でまとまった仕事をこなす働き方が広がっているのだ。本書では、それを「自営型社員」と呼ぶことにしよう。

私はいまから四半世紀前、組織に属しながらも自分の仕事にコミット（没頭）し、仕事を軸にキャリアを築いている人を訪ねて、北は北海道から南は奄美大島まで足を

運んだ。そして半ば自営業のように働く人を「半独立型」の仕事人《しごとじん》と呼び、拙著『仕事人《しごとじん》の時代』のなかで紹介した。（注1）

会社と委任契約で働く、証券会社の外務員や保険会社の外交員。稼いだ額の三分の一が年俸に反映される制度が適用される経営コンサルタント。事業が成功し、利益をあげたら利益に応じた報酬を受け取る社内ベンチャー。そしてプロジェクトごとに会社と契約し、貢献度に応じて利益が配分される会社の社員などである。このような働き方は、いまとなってはさほど目新しくないかもしれないが、インターネットもまだ十分に普及していない当時は、そこに新たな時代の息吹を感じたものだ。

あれから四半世紀の時を経た現在、ITの加速度的な進化とグローバル化によって、組織に属しながらも半ば自営業のように働く人は急速に増えている。本章では、そのなかでも企業に雇用され、社員として普通に働く人に焦点を当て、そこに「自営型」の働き方が広がっている実態を見ていきたい。

まず紹介したいのは前出（第一章）「二〇二一年ウェブ調査」の結果である。

なお調査では、「ジョブ型」「自営型」をそれぞれ、つぎのように定義した。

「ジョブ型」＝個人の職務内容を明確に定義し、本人が望むかぎり特定の職務を長期にわたって継続させる働き方。

「自営型」＝特定の製品の開発や組み立て、プロジェクト遂行など、まとまった仕事を一人で受け持つ、半ば自営業のような働き方。

そのうえで企業等の人事担当者に対し、「貴社の正社員（正職員）に取り入れることができる働き方は、つぎのどちらに近いですか？」と質問した。すると回答は、「ジョブ型」が六六・七％を占めたが、「自営型」は七・七％に過ぎなかった（図4―1）。

これは予想どおりの結果である。「メンバーシップ型からジョブ型へ」の変革が声高に叫ばれているなかで、いきなり「自営型」という働き方を示されても、選択する人事担当者が少ないのは当然だろう。しかし自営型がどのような働き方か具体的にイメージできれば、この数値は大きく跳ね上がる可能性がある。その理由は後述する。

「自営型」と回答した人事担当者に、「『自営型』が取り入れられる可能性が高い職種はつぎのうちどれですか？」と質問した。すると比較的回答が多かったのは、「人事・総務」（四七・五％）、「研究開発」（四五・〇％）、「営業・マーケティング」

図4-1

正社員に取り入れることができる働き方（人事担当者）

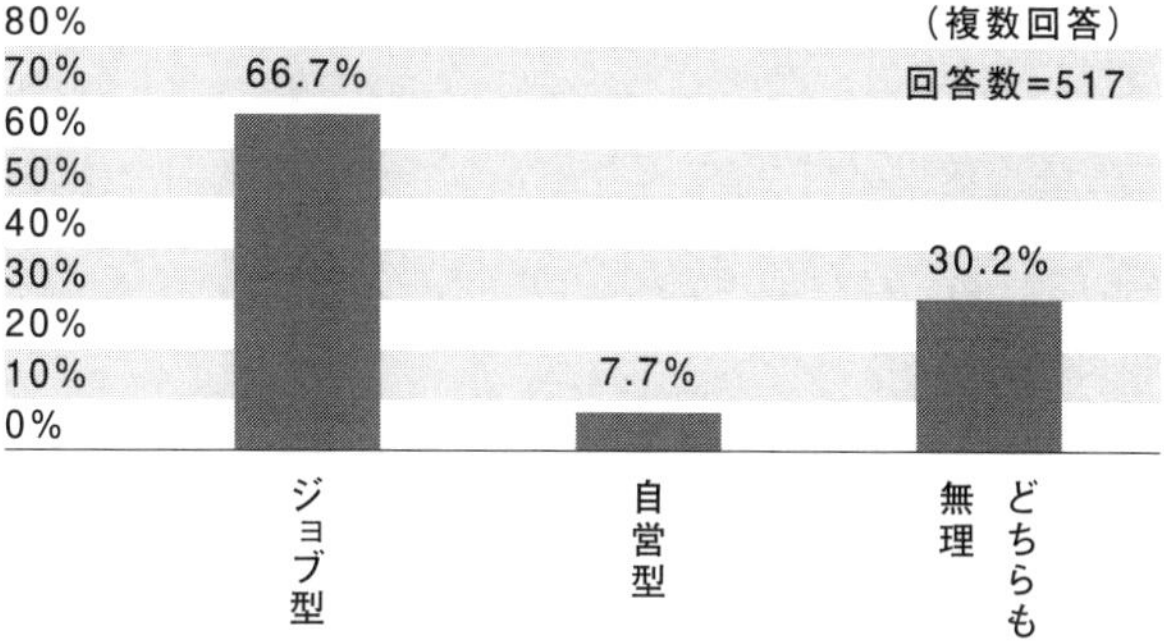

図4-2

正社員に取り入れられる可能性が高い働き方（中小企業経営者）

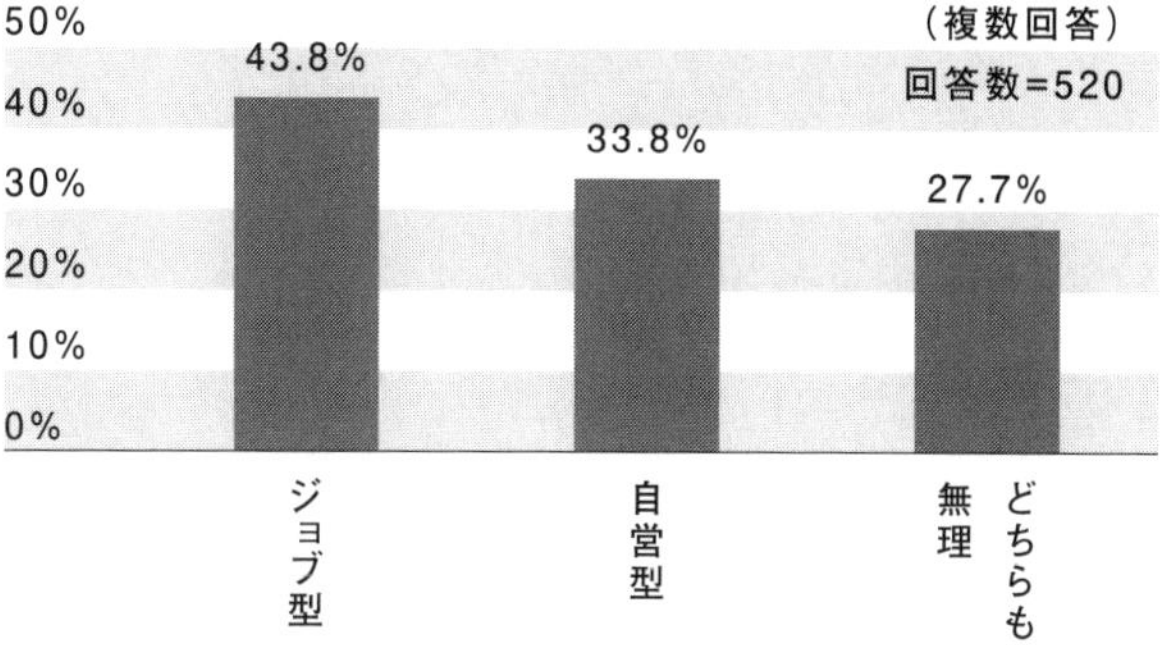

（四二・五％）などの職種だった（複数回答）。

中小企業で高い自営型への期待

つぎに中小企業（従業員三〇〇人以下）の経営者に対し、「貴社の正社員（正職員）に対し取り入れられる可能性が高い働き方は、つぎのうちどれですか？」と質問した。回答は、「ジョブ型」が四三・八％、「自営型」が三三・八％だった（図4―2）。

このように人事担当者の多くは、現時点で「ジョブ型」の導入を意識しているいっぽう、「自営型」の導入は考えていない。それに対して中小企業の経営者には「ジョブ型」に比べさほど遜色がないほど「自営型」導入の可能性を考えている人が多いことがわかる。中小企業は日本企業全体の九九・七％、従業員数もおよそ七割を占めるだけに軽視できない事実である。

では、どのような職種に導入の可能性があると考えているのか。

「自営型」導入の可能性が高いと回答した経営者に、具体的な職種をあげてもらった。その結果、「営業・マーケティング」が五四・五％と突出して多く、「販売・配達」、「企画・広報」、「研究開発」、「財務・経理」をあげる経営者も一割以上いた（図4―3）。

ただ現場の実態としては、中小企業でも規模が小さくなるほど、総務と人事・経理、営業・マーケティングと販売、開発と技術というように一人で複数の仕事を受け持つケースが多い。その意味では、「よろず屋」的な自営型といえるかもしれない。

こうしてみると、現に「自営型」を取

図4-3

「自営型」が取り入れられる可能性が高い職種（中小企業経営者）

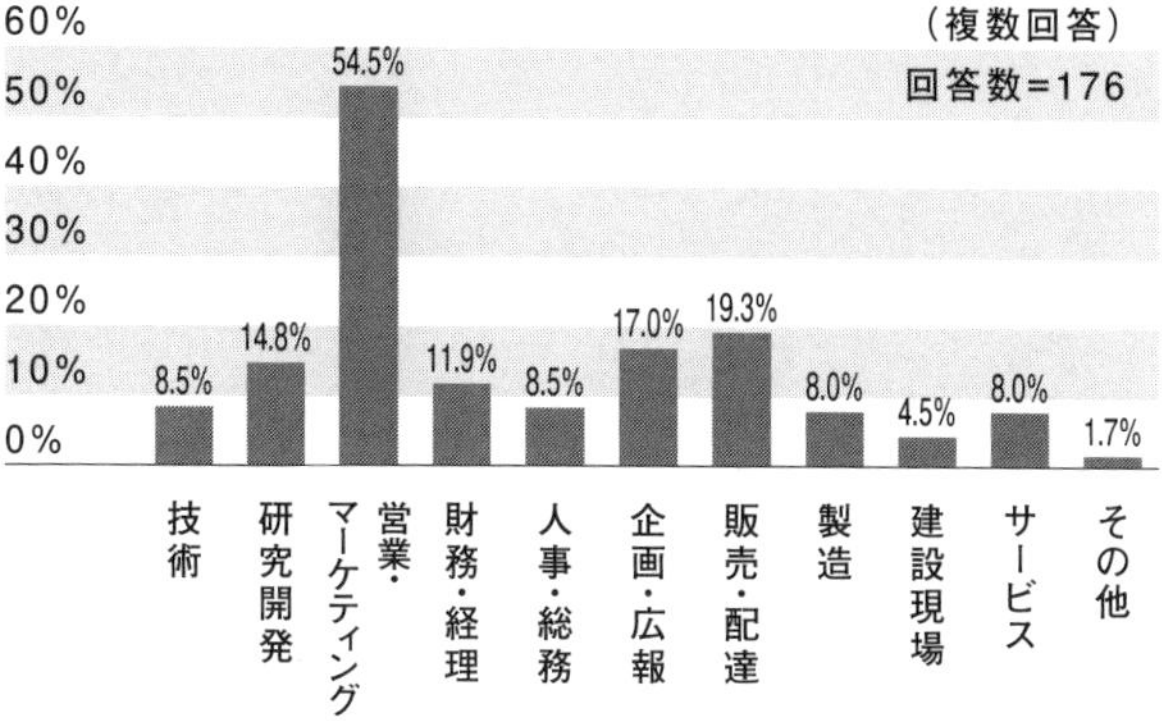

り入れようとしている企業は多くないものの、中小企業を中心に今後導入される可能性はかなり高いことがうかがえる。

では、企業のなかで「自営型」はどのような形で広がっていくのか。つぎの節では、その典型的な事例を紹介することにしよう。

02 分業制から「一気通貫制」へ

逆方向へ回り始めた分業化の歯車

産業革命以後、企業の生産性向上の歴史は分業化の歴史でもあった。A・スミスの『国富論』やF・テイラーの『科学的管理法』が説いたように、業務を細かく分解し、個々の労働者がその各部分を担当すれば、仕事の無駄が減るうえに、だれでも必要な技能がすぐに身につくので能率が上がる。そのため組織が大きくなるほど仕事は細分化されていった。巨大な工場の生産ラインで、多くの労働者がベルトコンベアの前に並んで作業をする姿はその象徴だった。そして「ジョブ型」雇用も同じ発想から生まれたものである。

しかし、そこに大きな変化が訪れる。技術革新である。

一九七〇年代に入って本格化したME（マイクロエレクトロニクス）技術革新は、

産業用ロボットやＮＣ工作機械などの導入によって工場をはじめとする生産現場の働き方を大きく変えた。単純作業が減り、代わって監視作業や機械のメンテナンスが主な仕事になった。さらに一九九〇年代からのＩＴ革命によって業務はますます自動化され、ＩｏＴ、３Ｄプリンタなどの普及により組織の物理的な枠を超えたシステム化が進行し続けている。

製造現場だけではない。オフィスにも当初のオフィスコンピュータからパーソナルコンピュータの導入へ、さらにインターネットの普及へと技術革新が進むにつれ、事務作業の多くが人間からＩＴに取って代わられるようになった。スーパーマーケットやコンビニエンスストアなど小売業の店舗でも、ＰＯＳシステムの導入により、店頭で販売業務に携わる人の仕事が効率化されていった。

もちろん、こうした技術革新によって人間の仕事がなくなったわけではなく、創造性、想像力、判断力、感性、それに空気を読む力など人間特有の能力が必要な仕事は残る。そこで人間特有の能力が必要な部分は残し、周辺の単純作業や定型的な業務は機械やＩＴに委ねるという、役割分担が進められてきた。その結果、個人の仕事の守備範囲が広がり、従来なら数人で行っていた仕事の多くが個人でもこなせるようになった。

そして、もう一つの役割分担も進んでいる。日用品の生産や標準的なサービスの提供は機械やＩＴに任せるいっぽうで、より高級な製品や質の高いサービスを人間に求めるようになった。

要するに工業社会からポスト工業社会への移行が進むにつれ、分業化とは逆の方向へ歯車を回す力が働き始めたのである。

プロセス管理を一人で担当

代表的なものの一つが、連続する複数のプロセスを一元的に管理する「一気通貫制」と呼ばれるシステムだ。一気通貫制そのものは以前から日本のメーカーでも取り入れられているが、注目したいのはそれを一人で受け持つ仕事のスタイルである。

製造業の現場から見ていこう。

高技術で世界的に知られるデンマークの補聴器メーカー、オーティコン。私が二〇一六年にこの会社を訪問したとき、製造部門には課長の下に一三七人の「プロダクトマネジャー」がいた。彼らはプロダクト（製品）に対するマネジャーという意味でプロダクトマネジャーと呼ばれるのだ。いわゆる管理職ではないため、部下はいない。

プロダクトマネジャーは、現場でどのような技術が開発されているか、販売された製品がどれだけ売れているかを観察することと並行し、市場のニーズをくみ取って製品開発に反映させる役割も担っている。金銭が絡む場合は上司が決定権を持つが、それ以外はプロダクトマネジャーが自分の権限で仕事を進める。同社のようにデンマークの企業では、開発技術者が製品化にも携わり、営業にも回るのが普通だそうである。

ちなみに近年、わが国でも注目されるようになった「製販一体」体制も、同じ効果をねらって取り入れられている。主にビジネス系の書籍や雑誌を出版しているP社では、二〇一二年に製販一体体制を取り入れた。書籍編集部長が販売部長を兼務し、市場や顧客のニーズを本づくりに反映させるようになってからベストセラーを連発し、赤字体質だった書籍部門が二年間で黒字に転換した経緯がある。ちなみに出版業界では、業務のアウトソーシングが容易になった近年、「一人出版社」を立ち上げる人も増えている。

台湾にもプロダクトマネジャー制を採用している企業が多い。

ある会社は社員数が三〇〇人程度だが、一五人ほどのプロダクトマネジャーがいた。社内にはハードウエア、ソフトウエアの担当者がそれぞれグループを形成していて、製品開発の際にはプロダクトマネジャーがそれぞれのグループから適切な人材を招集する。そして開発のプロセスをマネジメントする。

この会社と日本企業の両方で働いた経験を持つ技術者によると、日本企業ならハードウエア、ソフトウエアそれぞれの課長が調整して開発に当たらせるのが普通だという。つまり同じ業界でも台湾企業のほうが、「自営型」に近い仕事のスタイルを取り入れているわけである。なおアメリカ企業の一部でもプロダクトマネジャー制度を取り入れているし、日本企業でも採用している例がある（ただし日本企業の場合は部長・課長などの管理職がその役割を担っているケースが多い）。また中小企業のなかには、営業担当者が製品の設計から試作まで行っている事例があることも付け加えておきたい。

一気通貫の「非効率」をITで解消

つぎに、国内の現場に注目してみよう。

先の調査結果にも表れているとおり、「自営型」導入の可能性が高い職種として「営業・マーケティング」があげられる。そこで、ある大手製薬会社における営業のケースを取りあげよう。

この会社の場合、以前は糖尿病、癌というような領域別に担当が決められていたが、一人ですべてを担当するゼネラル制に切り替えられた。その結果、かつては一つの医療機関を三、四人が担当していたのが、現在はエリアごとに一人で担当するようになった。

ゼネラル制に切り替えられた理由として、領域別だとエリアごとの課題や医療圏の課題が見えてこないことがあげられている。さらにITの普及も背景にある。営業の担当者はIBMが開発したAI、「ワトソン」を活用しており、医療関係の新たな論文が発表されるとすぐに読むことができる。担当エリアの売り上げや他社の情報も、以前は薬品卸やマーケティング担当に聞いていたが、いまはワトソンがメールで教えてくれる。ITの普及により、個人で質の高い仕事ができるようになった典型的な例である。

建築や不動産の業界にも「一気通貫制」を取り入れる企業が登場してきた。住宅のリフォームなどを手がけるH社もその一つだ。

一般にリフォーム会社では、営業、設計、施工などプロセスごとの分業体制が敷かれており、それぞれ営業担当者、プランナー、現場監督者が担当する。そして受注した工事は下請けの工務店に「丸投げ」するのが普通である。それに対してH社では、一人の営業担当者が大工、塗装、左官、内装の仕事まで管理する「担当者一貫責任管理システム」を取り入れている。

分業制は各自が専門の仕事に集中できるので効率的な半面、客の要望が現場へ正確に伝わらなかったり、工程がスムーズに進まなかったりする弊害がある。「担当者一貫責任管理システム」を採用することで、このような弊害を減らすことができるという。なお一貫管理システムにはもっと大きなメリットがあるが、それについては第六章であらためて触れることにしたい。

もう一つ付け加えておくと、ここでもＩＴが重要な役割を果たしている。工事現場にはカメラがセットされており、営業担当者は遠隔地からいつでも工事の進捗状況を確認できる。そのため熟練すれば、同時に五～七件程度の仕事を管理することが可能だといわれる。

建築現場にも、個人単位で一気通貫型のシステムを取り入れている会社がある。

建設会社も効率化のために仕事を下請け・孫請けに出すとともに、社内では規格化して工程ごとに分業するのが普通だ。しかし静岡県沼津市に本社を置く株式会社平成建設は、一九八九年の創業以来、設計から施工まで社内で一貫して行う体制を取り入れている。社員約四〇〇人の四割近くが土工《どこうじ》事、基礎工事から大工まで一人で担当している（二〇二〇年時点）。いわば「棟梁集団」である。

このような体制をとることには、つぎのような利点があるという。

分業体制のもとでは、各工程をそれぞれ別の業者に手配しているので、前の工程が予定より早く終わってもつぎの工程に進めない。それに対し同社のように内製化すると、現場内の工事はシームレスに進み、前の工程が早く終われば直ちにつぎの工程に移れる。また一つの現場で複数の工程を並行して進めることもできる。建築は多岐にわたる工種が複雑に絡み合っているので、一つの工種で最速を求めるより、全体の流れのなかから無駄を省くほうが大きな効果が表れやすい。

いっぽう仕事の質については、一つの工種のスペシャリストをめざすほうが技術的な精度や難易度を高められるが、全工程を担当したほうが建築物に対する発注者側のニーズに応えやすい。ただ各工程をすべて理解するには大卒程度の知識が必要であり、育成にも時間がかかる。しかし個人事業主として独立できるだけの付加価値がつくので、彼らのモチベーションはとても高いそうである。

ちなみに「独立の道」が開かれていることは、本書でもたびたび言及するように、少なくとも上昇志向や自立志向の強い社員にとって、モチベーションをかき立てられるキーワードである。

人事評価も容易に

メーカーの製造現場へ目を転じてみよう。

製造現場でよく知られているのが、「一人生産」方式だ。屋台の主人が客に酒や食べ物を出す姿と似ているので、「一人屋台」方式と呼ばれることもある。

一九九〇年代から二〇〇〇年前後にかけて、私は一人生産方式の現場を訪ねて回った。電機メーカーの工場では、一人ひとりの作業者がU字型をした作業台に向かって、プリンタやワープロなどを最初から最後まで単独で組み立てていた。その姿は文字どおり、工房で仕事をする職人のようだった。熟練すると高度な作業や大きな製品の組み立ても一人で行えるようになる。オリンパスの伊那事業所（当時）では、顕微鏡のレンズ加工から組み立てまでほとんどの工程に一人生産方式を取り入れていて、一台が一〇〇〇万円ほどの大型顕微鏡も、一人の作業者が一週間ほどかけて組み立てていた。

つぎのような実例も紹介されている。

スタンレー電気いわき製作所には、高橋勝子さんという女性従業員がいて、デンソーの自動車部品をつくっている。以前は分業でつくられていたが彼女に多能工になってもらい、デンソーの部品製造は彼女の一人仕事になった。部品は高橋さんがデンソーに営業して注文をとり、その注文に基づき必要な量の資材を資材会社に自分で発注する。材料が届いたら自分で完成品をつくり、自分でデンソーに納めている。自分一人でカンバン方式を実現しているのだ。分業より作業は速いし、精度もよいという。(注2)

一般にベルトコンベアなどの分業方式に代えて、一人生産方式を取り入れるメリットとしてあげられているのはつぎのような点だ。

「一人ひとりの能力がそのまま製品の出来高として現れてくるので、成果に対する具体的な人事評価を与えることができる。また部分ではなく全体を受け持つため、製品をつくり上げていく喜びも生まれる」(注3)。「製品一台をすべて組み立てることで、分業では見えにくい製品設計上の問題点を作業者が浮き彫りにできる」(注4)。

さらに一人生産方式の現場管理者からは、熟練すると製品全体を見て均質に組み立てられるので、質の高い製品ができるという声も聞かれた。

少品種大量生産から多品種変量生産へという顧客側の要求の変化もまた、一人生産方式と親和的だ。海外の事例だが、中国のある大手電機メーカーでは少品種大量生産の時代には一人が単独の工程を担当していたが、多品種少量生産に入った二〇〇二年以降は顧客の多様なニーズに応じて生産を調整するため、一人で二、三の工程をこなす方式に切り替えられたことが紹介されている。(注5)

進化した「一人屋台」

いっぽうで量的な生産性は、単純に考えると分業方式より一人生産のほうが劣りそうだ。しかし、逆に生産性が上がったという事例も報告されている。

たとえばキヤノンのプリンタ工場では、「うさぎ追い方式」という一つのラインで複数の従業員が一人生産できる仕組みを取り入れたところ、一人当たりの生産台数がベルトコンベアのころの三倍近くまで伸びたという。(注6) また品質のバラツキを調整するなどの無駄な作業がなくなり、前述したオリンパスの伊那事業所では、最高級顕微鏡の

一人生産ラインで生産リードタイムが一五日から五日に短縮され、作業能率は三〇％向上した。(注7)

このように一人生産は注目された方式だが、爆発的に普及しなかったのには理由がある。先に紹介した高橋さんのようなスーパー社員の例はあるにしても、一人で複数の工程をこなせるようになるには相当な熟練を要し、だれでもできるわけではない。そして、一人の人間がこなせる仕事の範囲には自ずと限界がある。

ところが、この二点はＩＴ化によって大幅に克服された。前者の例として、センサーの活用があげられる。静岡県浜松市にあるローランド ディー・ジー・株式会社は一九九九年に「デジタルファクトリー構想」を掲げ、生産現場にはＩＴを用いた「デジタル屋台」方式を取り入れた。作業者がバーコードを読み取ると製品の組み立てマニュアルがディスプレイに表示され、必要な数の部品を手にとったかどうかもセンサーでチェックされる仕組みになっている。したがってミスをする心配がなく、だれでも短期間に一人生産ができるようになるという。

なお信夫千佳子はデジタル技術を用いた教育支援についても実践事例を紹介すると

ともに、作業者が判断を要する業務に傾注できるようになったことを指摘している。(注8)一人生産にＩｏＴ、すなわちさまざまな機器がインターネットで接続されるシステムを活用している企業もある。

東京都青梅市にある部品メーカー、武州工業株式会社では一人の作業者が材料の調達から加工、納期管理まで一貫して行う「一個流し生産」方式を取り入れた。前述した一人生産より進んでいるところはＩｏＴの活用であり、それぞれの作業者が受け持つ機械にはタブレットがつけられており、そこから得られたデータは専用のクラウドにアップされる。各作業者は製造プロセスの進捗状況を見ながら仕事をする。部品の在庫は自動的に管理され、協力メーカーに発注されるシステムになっている。

ところで、このシステムを導入すると作業者がペースメーカーで管理されるのではないかと懸念する向きもあろう。その点については、ペースメーカーを作業者自身が設定し、機械のスタートボタンも各自が自分の体調に合わせて押すように配慮されているそうである。ちなみにシステム導入によって仕事のプロセスが大幅に効率化され、社員は定時に帰ることができるようになったという。

このようにインターネットを活用することで、個人の仕事の範囲を超えた生産システムが構築できる。また業務の内容によってはアウトソーシングも可能だ。そしてアウトソース先もまた自営型で仕事をすればよい。

要するに、「作業者の熟練」と「仕事の範囲」という一人生産の限界は、ITの普及によって解消されつつあるといえよう。なおこの点については、すでに見たとおり製造現場にとどまらず、ほかの職場にも当てはまる。

本章では、ここまで企業に雇用されながら半ば自営業のようにまとまった仕事をこなす働き方に注目し、具体的なケースを紹介した。

ただ、そのほかにも制度化されてはいないが実質的に一人でまとまった仕事をこなす、自営型の働き方をしているケースは多い。とくにわが国では個人の分担が明確でないため、中小企業などでは仕事のできる社員がプロジェクトを丸ごと受け持ったり、諸々の業務を一人でこなしたりしているケースが少なくない。

水面下で広がる「自営型」

さらに近年しばしば取りあげられるようになった「ジョブクラフティング」、すなわち作業者個人の視点から仕事を設計し直す取り組みのなかにも、自営型に含められるようなケースがある。たとえば人材育成などを研究する石山恒貴は、東京ディズニーランド、JR東日本の関連会社テッセイ、および羽田空港それぞれにおいて、清掃の仕事を新たに意味づけし、創造的な仕事に再設計した事例を紹介している。(注9) いずれの事例も、一人ひとりが主体的にまとまった仕事をこなすようになったところが注目される。

いっぽうでは「ジョブ型」と称しながら、開発、営業、経理などを一人で担当したり、特定のプロジェクトや商品を一人で受け持ったりするなど、「自営型」と呼んでも差し支えないような働き方をしている例もある。

「ジョブ型」の要件の一つが職務を明確に定義する点にあることを考えるなら、これらはいずれも「ジョブ型」より「自営型」に近いといえるのではなかろうか。したがって少し外郭を広めにとれば、「自営型社員」は相当な割合を占めているという推測も成り立つ。そうだとしたら、自社の正社員（正職員）に取り入れられる働き方として「自営型」をあげる人事担当者が少なかったのも、実は自営型のイメージを具体的に描けなかったためではないかと考えられる。

なお、その点に関連して少し付け加えておきたいことがある。世間では日本企業＝メンバーシップ型、欧米企業＝ジョブ型という単純な二項対立図式でとらえがちだ。たしかに欧米企業の非管理職は、ジョブ型で雇用されるのが普通だと理解してよい。しかし管理職、とりわけ幹部クラスになると、たとえば「五年以内に〇〇の開発プロジェクトを完遂させる」「アジア地域での売上げを三〇％アップさせる」というような目標を上から提示され、それを個人が受け入れて契約するケースが多い。

そこで個人に求められているのはミッション（使命）の遂行である。個人の裁量と責任でミッションを遂行するという働き方は、ジョブ型というより自営型に近いといえよう。したがってメンバーシップ型かジョブ型かという二類型で強引に分けるならジョブ型に含まれるかもしれないが、自営型を加えた三類型では自営型が現状でもかなりの比率を占めていることを示唆している。

要するに「自営型」という名称がなかったため、実像がつかめなかったのである。

マネジメントや育成もインフラ型に

この章を終えるに当たり、「自営型社員」のマネジメントや育成はどうあるべきかについて触れておこう。

前章で述べたように、自営型の働き方にはインフラ型組織が適している。そしてマネジメントや育成も働き方の延長線上にある。したがって、マネジメントや育成も、少なくとも理念的にはインフラ型が望ましいということになる。

後述するように自営型の特徴は、用いられる能力にしても仕事内容にしてもアナログ的な性格が強いところにある。しかもデジタル化が進むほど人間にはアナログ的な要素が求められるようになり、同時に個性、ユニークさが生き残りの条件として重要になる。また、とりわけ自営型で働く場合には自律性が不可欠であり、どれだけ能力が発揮されるかは自発的なモチベーションにかかっているといっても過言ではない。

このような理由から、彼らのマネジメントは「管理」ではなく「支援」が中心になる。たとえば仕事に関する情報や資金を提供すること、問題が発生したときに相談に乗ったり、働きやすい環境を整えたり、活躍の場を提供したりすることなどである。

能力開発も年次別、階層別研修など、伝統的な日本企業が行ってきた会社主導の画一的な制度はなじみにくい。そのため職人系の仕事ではOJTが中心になるが、クリエーティブ系では基本的に個人主導で、会社や上司はそれをサポートするというスタイルになる。実際に自営型社員が多く働く研究所やコンサルタント会社、ゲームソフト会社、広告会社などでは、個人が希望する能力開発を会社がサポートする方針をとっているところが多い。必然的に能力開発の場は社内より社外の比重が高くなり、社内の研修も会社がメニューを示し、個人が選択して受講する形が広がってきている。

そして、このようなマネジメントや能力開発についての考え方は、第六章で述べる日本的な「強み」の生かし方や、第七章で述べる「自営型社会」のあり方にもつながっていく。

（注1）太田肇『仕事人（しごとじん）の時代』新潮社、一九九七年
（注2）山田日登志・片岡利文『常識破りのものづくり』NHK出版、二〇〇一年、二〇八〜二〇九頁
（注3）同右、七七頁
（注4）同右、八〇頁
（注5）竇少杰『〝新常態〟中国の生産管理と労使関係』ミネルヴァ書房、二〇二二年、第三章
（注6）山田・片岡 前掲、二〇〇一年、七六頁
（注7）信夫千佳子『セル生産システムの自律化と統合化—トヨタの開発試作工場の試み』文眞堂、二〇一七年、六頁
（注8）同右、一六〜一七頁
（注9）石山恒貴『定年前と定年後の働き方—サードエイジを生きる思考』光文社、二〇二三年、八五〜九一頁

第五章

日本企業の「強み」とは何か

01 日本的経営の「捨てる」顔と、「生かす」顔

「強み」を隠してしまった「弱み」とは

では、ここから日本企業、日本社会の特徴や実態に照らしながら、なぜ「自営型」就業の普及が望まれるかを詳しく説明していきたい。それには、まず足下を見つめるところから始めなければならない。

私は日本企業の組織や働き方には二つの大きな特徴があり、それらが同居しているととらえている。残念ながら、それらが同居していることによって、日本企業の「強み」が「弱み」に相殺されている。あるいは「強み」が「弱み」の陰に隠れてしまっている。

まず、いっぽうの特徴から見ていくことにしよう。

日本的経営論は、かつて学界やビジネスの世界で一世を風靡した。日本経済の低迷と日本企業のプレゼンス低下によって最近は見聞きすることが減ったが、高度経済成長期とその前後には日本的経営が国内外で高く評価され、多くの研究者がさまざまな角度から日本的経営を論じたものだ。日本的経営に関する研究は枚挙にいとまがないほどあるが、そのなかから組織や人事の面に注目し、代表的なものを取りあげてみよう。

日本的経営の特徴として広く人口に膾炙《かいしゃ》したのが、J・C・アベグレン(注1)があげた「終身雇用」(lifetime commitment)、ならびに「年功序列」「企業別組合」、のちに「三種の神器」と呼ばれるものである。ちなみにOECDの対日労働報告書でも「労使合意の雇用制度の純モデル」として、この三つがあげられている。(注2)また、これら「三種の神器」に加え、集団主義や手厚い福利厚生などがあげられることも多い。

そして、これらの制度や慣行の背後にあるのが、つぎのような文化的・社会学的特徴である。

代表的なものとして「経営家族主義」があげられる。経営家族主義は経営者と社員を親子、家族になぞらえ、利害打算を超えた感情や一体感で結ばれる関係としてとらえたものである。代表的な論者である間宏によれば、経営家族主義は第一次世界大戦前後の時期に広く普及し、第二次世界大戦前の日本的経営の代表的なタイプとして形成されていった。(注3)

先にあげた終身雇用、年功序列、それに企業年金、寮や社宅、家族の扶養手当や慶弔見舞金など広範な福利厚生制度も、経営家族主義を体現したものといえる。経営者としては会社を家族になぞらえることで会社への忠誠心や一体感を引き出し、企業への定着を図るとともに、短期的な損得勘定を超えた貢献を引き出そうとしたのである。周知のように家制度は第二次世界大戦後に新憲法で廃止されたが、家族主義のイデオロギーや慣行は今日まで脈々と生き続けている。

経営家族主義を別の角度からとらえたものが、いわゆる「擬似ゲマインシャフト」としての企業組織である。

ゲマインシャフトはF・テンニース(注4)が用いた概念であり、地縁や血縁による自然発生的な集団を意味する。日本企業は、会社があたかもゲマインシャフトのような性質を持つというわけである。津田眞澂は「共同生活体」という概念を用い、それが上級

従業員層に限定して見られる欧米と違って、日本企業では経営全体にわたって適用されるところに特色があると指摘する。(注5)

「経営家族主義」や「擬似ゲマインシャフト」は着眼点が多少異なるにしても、本書の第一章で取りあげた共同体型組織の一面を説明する概念である。したがって今日の視点に立つと、第一章で指摘した共同体型組織とメンバーシップ型雇用の問題点が、ほぼそのまま当てはまる。

すなわち工業社会、とりわけ高度経済成長期を中心にした少品種大量生産の時代、国民の経済水準が低く社会のインフラも整っていない時代には適したシステムだったが、情報化、ソフト化が進んだポスト工業社会、そして人々の生活が豊かになり自己実現をはじめとする高次の欲求に動機づけられるようになった時代には、むしろ負の側面が上回るようになったのである。それが象徴的な形で表れたのがコロナ禍によって迫られた働き方の見直しであり、より広い視野でとらえるなら、労働力の固定化や低調なイノベーションといった形で一九九〇年代以降の「失われた三〇年」にも影響を与えていると考えられる。

要するに、いまとなっては日本的経営の特徴の一つである家族主義的、共同体的なシステムこそ日本企業の「弱み」であり、改革すべき対象だということになる。

AIに淘汰されない能力は何か

つぎに、もういっぽうの特徴を見ていきたい。

その前に、これからの時代に求められる人間の能力、資質は何かを整理しておこう。

すでに述べたとおり、一九七〇年代から本格化したME技術革新、一九九〇年代に始まったIT革命、そしてAIやビッグデータの普及による第五次産業革命によって、人間の仕事はつぎつぎに奪われていく。

現時点において機械や情報システムに取って代わられているのは、インプットとアウトプットの関係がパターン化しやすい仕事、すなわち結果の出し方がわかっている仕事である。単純作業や定型的な業務のほか、既存の知識や情報を応用して問題解決する知識労働や専門的な仕事も徐々に代替されつつある。

いっぽう、情報入手などのインプットと仕事の成果というアウトプットとの間に、人間の頭脳というブラックボックスが介在する仕事は、機械や情報システムに代替されにくい。具体的にいえば勘やひらめき、独創性、想像力などの能力、ひと言でいうなら「知恵」であり、アナログ的な能力である。

誤解するといけないのは現実に市場価値を持つものと、人間に求められるものとは別だということである。ポスト工業社会ではモノより知識が価値を持つという意味で「知識社会」とも呼ばれるが、人間には知識よりむしろ知識を生むための知恵が求められる。またデジタル化時代の人間にはデジタルより、ITの苦手なアナログ的な能力が求められるのである。

さらに企業特殊的能力か、一般的能力かという通説も考え直す必要がある。ひところ「エンプロイアビリティ」(雇用される能力)という言葉が流布し、雇用の流動化、グローバル化が進むこれからの時代には、自社でしか通用しない能力より外部でも通用する一般的能力が重要になるといわれた。いうまでもなく、それはジョブ型雇用に切り替えるべきだという議論とも重なる。

たしかに外部でも通用する能力が重要になるのは事実だ。しかし、ここにも逆説がある。「どこでも通用する能力」は、「どこでも必要がない能力」に転化しかねないということである。たとえば多くの専門学校で教えるような専門的技術や標準化された技能、教科書的な知識などは多数の人が保有しているので市場価値は低い。それに対し、自社にしかなく他社ではまねができないような特殊技能、独特のノウハウは競争相手がいないので本来は高い市場価値がつくはずである。

けれどもメンバーシップ型雇用のもとでは、一人ひとりの仕事が集団に溶け込んでいるので個人の市場価値を正確には評価できないし、外部から個人の能力を目にする機会も少ない。そのため個々人の市場価値は潜在的なものにとどまる。

市場価値を高める「個人特殊能力」

それに対し自営型の場合は、他社だけではなく他人にもまねができない「個人特殊能力」とでもいうべきものが形成される。同時に、独立性が高いので市場価値もつきやすい。たとえば前章（第四章）で紹介した「自営型社員」のなかには高給でスカウトされてもおかしくない人がいるし、実際にメーカーの開発技術者や外資系投資銀行のバンカー、証券会社の営業担当などのなかには転職して高額の報酬を受け取っている人が少なくない。

ポスト工業社会では、ハードウエアよりソフトウエアが大きな価値を持つ。そしてソフトウエアはユニーク（唯一）であることが価値の源泉である。だからこそ企業特殊的能力、さらに余人をもって代えがたい「個人特殊的能力」に注目すべきなのである。

それは能力開発の方法とも関わってくる。企業における能力開発の方法は伝統的にOJT（実務を通した訓練）とOFF―JT（集合研修）に分けるのが普通だ。あるいは、それに自己啓発を加える場合もある。そして高度な技術や専門的な知識が必要な現在、ならびにこれからの時代にはOJTよりOFF―JTが重要になるという言説が聞かれる。大企業のなかには大学や大学院顔負けの立派な研修施設を備え、体系的な能力開発プログラムを用意しているところも多い。

しかし、前述したような企業特殊的能力や個人特殊的能力は一種の徒弟制度で先輩から後輩に伝えられたり、本人の工夫や試行錯誤によって身につけたりするのが普通だ。実際、中小企業でもオンリーワンの技術、独自の製品で異彩を放っている会社では、OJTを中心に技術・技能の伝承が行われている。

念のために付け加えておくと、デジタル的な知識・技術、汎用性のある一般的能力、そしてOFF―JTが不要になったわけではない。それどころか知識社会化、高度技術化により、以前より重要度が増していることは間違いない。そして短期的にはデジタル的な知識・技術や一般的能力が重宝され、OFF―JTを通して効率的に人材が育成される。最近注目されている「リスキリング」も、同じ文脈に沿ったものといえよう。しかし、それらは企業にとっても、人にとっても長期的に競争優位をもたらすものではない。その意味では、必要条件ではあるが十分条件ではないと理解するべきだろう。

02 知的熟練論、知識創造論、擦り合わせ論の着眼点

小池和男の「知的熟練」論

前節では、日本企業には共同体型組織とは別の特徴があり、そこに日本企業の「強み」が宿っていると述べた。それを説明するための前提として、現在ならびに今後はある種のアナログ的能力がいっそう重要になることを指摘した。

興味深いことに、日本企業における仕事や職場をつぶさに観察し、理論化した研究は、その多くがこのアナログ的能力に直接、間接に論及している。以下、代表的なものを取りあげてみよう。

日本を代表する労働経済学者の一人だった小池和男は、日本企業の主に製造現場を訪ねてフィールド調査を積み重ね、そこから「知的熟練」論を紡ぎ出した。小池によ

ると製造現場でとくに重要な仕事が、前もって予測できない異常への対処である。たとえば不良品が発生したとき、その原因を探さなければならない。そのためには機械の構造、生産のメカニズムを知っておく必要があり、それが「知的熟練」である。「知的熟練」は主に幅広いＯＪＴによって形成され、個人ごとに査定された報酬と長期にわたる激しい競争によって促される。（注6）

小池の「知的熟練」論は前述したとおり生産現場における調査から析出されたものだが、晩年には分析の対象を製造現場以外にも広げている。そしてコンビニエンスストアのスーパーバイザーや、ソフトウエア技術者も製造現場の作業者と同じような能力を発揮しており、それは主に時間をかけた実務経験によって養われることを明らかにした。（注7）

野中郁次郎の「知識創造」論

経営学の分野では、野中郁次郎らの「知識創造」論があげられる。彼らはM・ポラニー(注8)の唱えた「暗黙知」概念に注目する。言語化できる形式知に対し、暗黙知は経験や勘に基づく言語化できない知識を意味する。野中らによれば暗黙知と形式知が相互作用するときにイノベーションが生まれる。また暗黙知が組織的な知識になるためには、人と人との継続的な相互作用によって共有されなければならないという。そこで用いられるのがメタファー(隠喩)やアナロジー(比喩)である(注9)。

もっとも野中は暗黙知の活用を日本特有のものとはとらえていない。日本企業と欧米企業の事例研究に基づいて彼は、両者の知識創造をつぎのように対比している。「欧米型は暗黙知・形式知の相互作用(分節化・内面化)を個人レベルで行う。そこで生まれた概念は、集団過程を経ないで組織レベルに移管され、マニュアルや特許などの形式化を通じて組織成員の内面化が促進される」。「これに対して、日本型は暗黙知・形式知の相互作用を社会的過程、とりわけ集団レベルで行う(注10)」。さらに日本企業の経営における「知」の方法について現場主義を取りあげ、わが国ではブルーカラーのみならずホワイトカラーの知の方法としても重視されると指摘している。(注11)

このように野中は日本企業の知識創造について、ホワイトカラーを含めた現場の集団レベルで暗黙知と形式知の相互作用が行われるところに特徴を見出している。

いっぽう、前述した企業特殊的能力の価値に焦点を当てたのが内田恭彦、G・ルースの『日本企業の知的資本マネジメント』である。(注12)同書では欧米型経営を「戦略合理性に基づく経営」、日本的経営を「資産合理性に基づく経営」ととらえ、後者では外部から調達した素材や機械、知識などのインプットを製品・サービスなどに変換するスループットに注目する。

スループットの過程においては、その企業独自の知識技術の開発、蓄積、活用が重要であり、企業組織内に差異を創出するためのノウハウを開発・蓄積・活用することが中心になる。そこで創出された差異こそがイノベーションにつながる。このように企業のスループットを中心にしたのが内部志向の資産合理の経営スタイルであり、企業のインプットとアウトプットに関する事前計画を基本に据えた市場志向の経営スタ

イルとは異なるという。(注13)

藤本隆宏の「擦り合わせ」論

製品開発のスタイルに注目した研究もある。長年にわたってものづくりの現場を調査してきた藤本隆宏は、欧米企業の「組合せ型」(モジュラー型)に対し、日本企業は「擦り合わせ型」(インテグラル型)に近いというところに特徴を見出す。

たとえば自動車の乗り心地という機能は、多数の部品が相互に微妙に調整し合って発揮されるのであり、「各部品(モジュール)の設計者は、互いに設計の微調整を行い、相互に緊密な連携をとる必要がある。それが、インテグラル型の製品である」。つまり「組合せの妙」で製品の完成度を競うのがインテグラル型の特徴だという。(注14)このようなプロセスは複雑でつかみどころがないので、まねがしにくい。そのため欧米企業が追いつくのに時間がかかったと藤本は指摘する。(注15)ちなみにまねがしにくいことは、後述するＩＴによる代替の難しさにもつながっているといえよう。

藤本によると戦後の日本における製造業の現場は、多くが「多能工のチームワーク」を発達させることで継続的に生産性を向上させ、国際競争力を高めていた。単能工の現場では徹底した分業体制で生産性を上げようとするのに対し、「多能工の現場は各人が複数の製品、複数の工程、複数の標準作業を担当し、さらには実作業だけでなく、自主検査、設備点検、簡単な保全、改善活動、仲間の面倒見などの高度な非定型作業にも従事する。そして彼らが数人のチームや十数人のグループとしてまとまり、リーダーのもとで、状況に応じて互いを見ながら適材適所の働き方をするチームワークを発揮し、継続的に生産性や品質を上げ、リードタイムを短縮化する。これがトヨタをはじめとする日本の優良企業の得意技、すなわち調整（コーディネーション）の能力である(注16)」と述べている。

ここで述べられている生産現場の働き方は、前章で紹介した「自営型社員」の働き方に近い。かつての日本の自動車メーカーに代表される生産現場の強みは、このような働き方によって行われたアナログ的な微調整にあったということだろう。

そして藤本の弟子として薫陶を受けてきた気鋭の経営学者、岩尾俊兵は日本の自動車工場で長年実践されている改善活動に注目する。一般に現場の改善活動は大規模なイノベーションとは異質なものと解釈されがちだが、岩尾はフィールド調査をもとに、改善活動が連鎖して大規模なイノベーションになりうるという結論を導き出している。(注17)

ただ日本の製造業は、アメリカなどの後塵を拝しているのが現状だ。その原因の一つとして岩尾は、コンセプト化の違いを指摘する。日本企業では技術の文脈依存度が比較的高い、すなわち企業、業界、地域などに特有の知識や知恵が大きな比重を占めるため、一般的な経営コンセプトが生まれにくかったというのである。(注18)

日本企業の製造現場は大規模なイノベーションの種ともいえる企業特殊的、アナログ的な能力を有しているので、組織や経営のシステムさえ再構築すれば、欧米企業に劣らないだけのイノベーションを創出できる可能性があるということを示唆している。

なぜ製造業は苦戦を強いられているのか

前述したように、デジタル化の進展によって今後はアナログ的な能力、企業特殊的（あるいは個人特殊的）能力、ならびにその育成手段としてのＯＪＴがいっそう重要になると考えられる。そして日本企業の現場における仕事や働き方について論じた過去の代表的な研究は、ほぼ同じところに特徴を見出していたのである。

けれども残念ながら今日、世界的なデジタル化の潮流とグローバルな競争のなかで日本の製造業は苦戦を強いられている。そして、ここで取りあげたような日本企業の特徴が「強み」として認識されることも少なくなっている。

それは、なぜなのか？

考えられる一つの要因は、技術革新のステージである。電機産業や自動車産業の歴史が象徴しているように、技術革新の進展によって高度な熟練やノウハウといった現場力の価値は低下していった。それはデジタル化の進展によって、いっそう拍車がかかった。結果としてアナログ的な能力や企業特殊的な能力が評価されにくくなったのだ。

しかし、さらにデジタル化が進み、ＡＩをはじめとするＩＴが人の標準化された技術や専門知識に取って代わるようになると、アナログ的な能力、企業特殊的（個人特殊的）能力の価値が再び注目されるはずだ。ただし、それはかつてデジタルに淘汰されたアナログ的能力の単なる復活ではない。求められるのは「デジタルを超えるアナログ的能力」である。

前章で紹介した「自営型社員」が多様な領域で活躍するようになった背景には、いわばバージョンアップしたアナログ的能力台頭の萌芽が含まれているのではないか。

そして、もう一つの要因は、前述した共同体型組織という「弱み」のなかにある。まず近年までは企業内でも産業界でも、共同体型組織が「弱み」として認識されることはあまりなかった。実際、ここに取りあげた知的熟練や知識創造にしても、日本企業特有の共同体型組織の存在を暗黙の前提にしている。共同体型組織特有の濃密な人間関係や一体感、理念の共有などがあったからこそ、価値のある熟練や知識が生まれたと解釈されているのである。

ところがデジタル化、グローバル化が進んだ近年になって風向きが変わった。第一章で述べたように、いわゆるメンバーシップ型雇用とともに共同体型組織の非効率性が露呈されるようになったのだ。さらに共同体型組織に特有のさまざまな雇用慣行や職場慣行が、社会的な正義と背馳する場面も目立つようになってきた。

ここでいったん立ち止まり、冷静に考えおかなければならない。しばしば見られるケースとして、「弱み」のなかに「強み」が隠れている場合があるということだ。「弱み」が際立つばかりに、せっかくの「強み」が生かされないばかりか、「弱み」にひっくるめて捨て去られるケースが珍しくない。「産湯と一緒に赤子を流すな」という英語の格言があるが、まさにそれをやってしまっているのである。

たとえ流されなくても、「強み」として日の目を見るチャンスが奪われてしまいがちだ。ここに取りあげたアナログ的な能力もまさにそれで、旧来の日本的雇用システムの一部としてしばしば改革の対象になった。

より直接的な問題は、共同体型組織という「弱み」が、アナログ的な能力という「強み」の発揮を妨げていることである。

「強み」を殺す共同体型組織

すでに述べたとおり共同体型組織の主な特徴は閉鎖性と同質性にある。閉鎖的な組織はゼロサムの原理に支配される。社内の賃金原資は一定であり、役職ポストの数もかぎられているので、メンバーどうしパイの奪い合いになる。だれかが得をすれば、だれかが損をする構造なのだ。そこでメンバーどうしの対立を避けるため、給与も役職も自ずと横並びで大きな差をつけない平等主義をとることになる。

ゼロサムなのは報酬や地位だけではない。だれかが注目されると、そのぶん周りの人の存在がかすむ。共同体のなかでは承認もまたゼロサムなのだ。そこで互いに牽制し合い、「出る杭を打つ」風土が生まれる。

それを裏付けたのが職場の人間関係に関する史上最大の実験として知られる「ホーソン実験」である。アメリカのウエスタンエレクトリック社、ホーソン工場で一九二〇年代から三〇年代にかけて行われた一連の実験から、職場には制度で定められた公式組織のほかに自然発生的な非公式組織が存在することがわかった。非公式組織のなかでは怠けすぎても、がんばりすぎても他のメンバーに迷惑をかける。そのため怠けるだけでなく、がんばって生産性を上げることも許さない規範が形成され、それが作業者の行動に影響していることが明らかになった。自分たちの利益を守るため、ここでも一種の「談合」が行われているわけである。

これはアメリカで行われた実験だが、わが国では集団がいっそう閉鎖的で集団主義のイデオロギーが色濃いので、「出る杭を打つ」力はいっそう強くなる。いわゆる「同調圧力」だ。同僚として「積極的にチャレンジする人」より、「周りとの調和を大事にする人」を好む人のほうが圧倒的に多いという調査結果（第一章）は、それをはっきりと物語っている。そして日本企業と日本経済の成長が鈍化したいま、その内向き体質とゼロサム構造はいっそう強まっている。

また共同体型組織では、組織の内と外が隔てられ、メンバーは匿名で仕事をするのが通例なので、いくら有能でも外から認められる可能性は低い。しかも人事部主導によるローテーション人事のもとでは、本人がやりたい仕事に就ける、そして続けられる保証はない。

このような条件のもとでは、ある程度のモチベーションは維持されたとしても、突出したモチベーションは生まれにくい。やる気に「天井」が架されているといってよい。イノベーションにしてもブレークスルーにしても、個人が起点の突出したモチベーションによって生まれるケースが多いだけに、やる気に「天井」がある構造は大きなハンディとなる。

もう一つの特徴である同質性も、イノベーションにとってマイナスに働く。たしかにメンバーが同質的であれば意思疎通が容易で議論もしやすいため、アイデアがまとまりやすいというメリットはある。しかし、いっぽうで同質的な集団は経験や知識、それに考え方も類似しているのでユニークな発想が生まれにくいというデメリットがある。まして組織内での人間関係、行動様式などもパターン化してくると、大きなイノベーションを起こす条件としては不利に働く。イノベーションにはダイバーシティ（多様性）が必要だといわれるゆえんである。

社内の序列が重石に

共同体型組織がイノベーションを阻害する理由がもう一つある。共同体型組織では平等主義が原則だが、平等だけでは組織として機能しない。そこで平等主義と矛盾しない形でタテの序列が取り入れられる。それが年齢や勤続という、ある意味で平等な基準による序列、すなわち年功序列制である。

ところが、その序列が重石となって、現場で生まれたイノベーションの芽が大きく育たない。

日本企業では業種や職種を問わず、現場の若手社員からよく聞かれるのはつぎのような声だ。新しい提案や企画をしても上司から、実現性が乏しいとか、前例がない、時期尚早だとか、いろいろな理由をつけて否定され、取りあげてもらえない。またアイデアが採用されたとき、あたかも上司自身のアイデアであるかのように経営陣へ報告されることもある。いわゆる「手柄の横取り」である。

さらにメーカーでは、製造現場とマネジメント層との間には壁があり、現場の知恵や改善の成果は現場レベルにとどまってしまい、それが大規模なイノベーションにまで成長させられないという指摘もある。このことは、せっかくイノベーションにつながる改善が行われていたにもかかわらず、コンセプト力が不足していたため経営技術のグローバル競争に負けたという岩尾の指摘（注19）とも符合する。

トップダウン型の欧米企業と違って、ボトムアップ型の日本企業では現場の声が経営に反映されやすい仕組みになっているといわれる。しかし仕組みがあることと、実際に反映されやすいかどうかは別だ。組織の階層が多く、しかも人格的な性格を帯びた細かな序列が存在する日本の組織では、それが見えない壁になるため、むしろ現場の知恵が大きなイノベーションとして結実することが難しいのかもしれない。共同体型組織では経営層も失敗のリスクを避け、改革に消極的になりがちだからなおさらだ。結果的に、能力の活用を狭い範囲にとどめてしまうのである。

自営型と相性がよい日本独特の個人主義

「日本人は個人としては弱いが、組織になると強い」。そういわれ続けてきた。しかし私は逆に、「日本人は個人だと強いが、組織になると弱い」と理解している。それは主に、工業社会からポスト工業社会への移行にともなって、共同体型組織の存在意義がプラスからむしろマイナスに転化したことによる。

もっとも、共同体型組織の後ろ盾なくして日本人がほんとうに力を発揮できるかといぶかる向きもあろう。たしかに日本人、日本社会に欧米型の個人主義はなじみにくいかもしれない。

しかし日本人、日本社会には欧米とは異なる個人主義がある。欧米型の個人主義が原理原則を重んじ、厳格な制度やルールに依拠しようとするのに対し、日本社会の個人主義はいわば融通無碍で、感覚や自律的な状況判断を重視する。会社のなかでは意欲と実力がある人に、公式の地位や権限がなくても重要な仕事が任されることがあったし、人事部主導を基本とする人事制度のもとにおいても自分の志を貫き、自らキャリアを築いていく人も少なくなかった。

このようなわが国独特の個人主義は自営型の働き方と親和性が高いうえ、伝統的な職人や個人商店がそうであったように共同体型組織を要しない。むしろ、それがないゆえに存在し得たのである。

では共同体の呪縛さえ解かれたら、日本の「強み」が最大限に発揮されるだろうか？　いや、それだけでは十分といえない。強みを最大限に生かし、発揮するには働き方そのものを変える必要がある。次章で詳しく説明したい。

（注1）J・C・アベグレン〈占部都美監訳・森義昭共訳〉『日本の経営』ダイヤモンド社、一九五八年
（注2）経済協力開発機構〈労働省訳・編〉『ＯＥＣＤの対日労働報告書』日本労働協会、一九七二年
（注3）間宏『日本的経営の系譜』文眞堂、一九六三年
（注4）F・テンニエス〈杉之原寿一訳〉『ゲマインシャフトとゲゼルシャフト』〈上下巻〉岩波書店、一九五七年
（注5）津田眞澂『現代経営と共同生活体―日本的経営の理論のために』同文舘出版、一九八一年、三一九～三二〇頁
（注6）小池和男『日本の雇用システム―その普遍性と強み』東洋経済新報社、一九九四年、三七～三八頁
（注7）小池和男『なぜ日本企業は強みを捨てるのか―長期の競争vs.短期の競争』日本経済新聞出版社、二〇一五年
（注8）M・ポラニー〈佐藤敬三訳〉『暗黙知の次元』紀伊國屋書店、一九八〇年
（注9）野中郁次郎『知識創造の経営』日本経済新聞社、一九九〇年、野中郁次郎・竹内弘高〈梅本勝博訳〉『知識創造企業』東洋経済新報社、一九九六年
（注10）野中 前掲、一九九〇年、二二六頁
（注11）同右、二三〇頁

（注12）内田恭彦・G・ルース『日本企業の知的資本マネジメント』中央経済社、二〇〇八年
（注13）同右、五一〜五二頁
（注14）藤本隆宏『能力構築競争』中央公論新社、二〇〇三年、八八〜八九頁
（注15）同右
（注16）藤本隆宏『現場から見上げる企業戦略論 ―デジタル時代にも日本に勝機はある』KADOKAWA、二〇一七年、九一〜九二頁
（注17）岩尾俊兵『イノベーションを生む〝改善〟―自動車工場の改善活動と全社の組織設計』有斐閣、二〇一九年
（注18）岩尾俊兵『日本〝式〟経営の逆襲』日本経済新聞出版、二〇二一年
（注19）同右

第六章

自営型でこそ生かせる日本の「強み」

01 集団作業の限界を超える ――「統合された知」の発揮

アナログ的能力の活用がポイントに

日本企業、日本経済の低迷に歯止めがかからない。いっぽうでIT化や労働力不足といった環境変化が急速に進んでいる。また長時間労働に対する規制は強まり、育児休業や介護休業なども法律で制度化された。このような状況のもとで日本企業、日本がこれからグローバル社会を生き抜くためには、労働生産性を上げるしかない。

労働生産性を左右する大きな要素が、人の働き方である。すでに述べたとおり、日本企業のなかには「強み」と「弱み」が同居している。その「強み」を生かし、「弱み」を捨てるのが自営型の働き方である。それを裏付けるように、小さなベンチャー企業や個人事業主のなかには、大企業に負けないイノベーションの芽を見つけたり、ビジネスの種を育てたりしているケースが少なくない。

自営型のどこに優位性があるのか？

一般に仕事の成果は「能力×意欲」によって決まる。ちなみに能力と意欲がかけ算になっているのは、どちらかがいくら高くても、もういっぽうが極端に低ければ成果につながらないことを意味している。

そこで、この節では発揮される「能力」に焦点を当て、自営型ではなぜ優れた能力が発揮されるかを説明しよう。

たびたび触れてきたように、工業社会からポスト工業社会への移行を大きなトレンドとしてとらえると、短期的な労働需給の動向とは逆に、アナログ的な能力をいかに活用するかがポイントになる。

かつて労働経済学や経営学の泰斗が日本的経営のなかに、アナログ的能力の育成や活用のメカニズムが存在することに注目し、そこに独自性を見出したのは、やはり的を射ていたといえよう。

そして著名なコンセプトとして先に取りあげた、知的熟練、知識創造、擦り合わせのいずれにも共通するのは、それらが組織や集団の役割を重視していたことだ。たとえ個人が起点になっているとしても、個人ができる範囲や影響力には限界があるので、それは当然だろう。

組織・集団になるとスケールの大きな仕事ができるし、多様な知識や能力を結集することもできる。しかしチームによるメンバーの相互作用は、創発を生むメリットがある半面、集団による抑制作用も働くことを見逃してはいけない。集団のなかでもまれた結果、角がとれて平凡なアイデアになってしまうケースがしばしば見受けられる。また、わが国のような序列社会では、上司や年長者に部下や若手が遠慮して発言を控えるようになりがちだ。

そのうえ人と人との間にはコミュニケーションの壁がある。いくら知識や技術、価値観が似通った組織・集団でも、またいろいろな工夫を施しても微妙なニュアンスを伝えるのは困難である。しかもつぎに述べるように、それがだんだんと軽視できない問題になってくる。

いずれにしても一人で仕事を完結させられるなら、当然こうした問題は起きない。

分野横断的な専門性

そして人間の持っている能力の活用という視点から、さらに掘り下げてみると、両者の間には重要な違いがあることがわかる。

人間の「知」に関する研究でも知られる哲学者の中村雄二郎は、「科学の知」と「臨床の知」を対比している。前者が抽象的な普遍性によって現実と関わるのに対し、後者は個々の場合や場所を重視して現実に関わり、直感と経験と類推の積み重ねから成り立つという(注1)。

彼は具体的な対象として医療を取りあげ、分業のあり方について鋭く指摘している。周知のように医療の世界では専門分化が進み、個々の医者は専門の部位や病気のみを担当するようになった。そのことが逆に全科医療が世界で注目されるきっかけになったのである。

この点に関して中村は、つぎのように述べている。

「全科医療は、〈患者がケアを受けるために最初に接触する〉医療ということのほかに、医者と患者との人間同士としての交流と、医療全体の新しい分業という重要な機能を想定している。（中略）この分業が単なる細分化、横の細分化とちがうのは、それが、構造化された連携・協力による現実への重層的な対応をめざしているという点である。すなわち、分業は細分化される方向ではなく、いくつかの結節点をもって再統合されるなかでおこなわれる（注2）」。さらに「（略）分業は横にではなく縦にされることによって、細分化を免れるのである（注3）」と述べている。

たしかに切り口を変えれば、一般医、全科医は一人ひとりの患者を統合的に診るという意味で分業の一端を担っているといえよう。もちろん全科医は、特定の部位や病気について専門的な診察や治療ができないという限界はある。しかし専門的な診断や治療が必要な場合は大病院を紹介し、そちらに委ねればよい。そうすれば専門性が浅くなるという全科医の欠点は克服されるはずである。また、これからはＡＩも強力な助っ人になるはずだ。

さらに、部位や病気という従来の専門性についてさえ、一般医、全科医のほうが必ずしも浅くなるとは言い切れない。私の個人的な体験だが、複数の専門病院でわからなかった症状の原因が、かかりつけの診療所で診てもらったところ即座に判明したことが何度かある。患者を丸ごととらえたり、他の病気の知見を応用したりすることによって得られた知識や洞察力が生かされたのではなかろうか。たとえていえば、穴を深く掘るには広く掘り始めたほうがよいのと同じような理屈だ。

ここで医療に関して述べたことは、企業社会における自営型の働き方にも、ほぼそのまま当てはまる。第四章で紹介した「プロダクトマネジャー」は製品の製造・販売のプロセス全体を、住宅リフォーム会社の営業担当者は「担当者一貫責任管理システム」のもとでリフォームの進捗状況を統合的に把握し、全体的な視点で管理することができる。

異質な知識、多様な経験の統合

そこでは、どのような「知の統合」が行われるか、住宅リフォームを例にとってみよう。

顧客の性格や家族構成、それにリフォームのプロセス全体がわかっていると、つぎのような判断が臨機応変に行える。

たとえば、この家では夫が時間や金銭面についてかなり細かく、スケジュールどおり工事が進むことにこだわる。そのため工事の進捗過程で、職人ののんびりとした仕事ぶりに夫は少々イラついているのではないかと想像する。そこで職人たちにそれとなく仕事を早く進めるよう促すことができる。いっぽう妻は色彩やデザインなど、見栄えへの執着が強い。そのため外壁や手すりを塗装していく過程を見て、妻の好みからするとやや平凡な色になりかけていると感じるかもしれない。だとしたら屋根の部分に少しアクセントを強めにして、全体のイメージを変えることもできる。このように「臨床の知」が随所に生かされるはずである。

先に紹介したメーカーのプロダクトマネジャー制や建築会社の一気通貫型システム、製薬会社における営業のゼネラル制などについても、これと同じことがいえる。実際にプロダクトマネジャーは、営業で顧客と会話をしているときに開発のヒントが浮かぶことがあり、顧客が語っていたことをイメージしながら開発をすると方向がぶれないという。

一般にジョブ型の働き方では、企画、開発、購買、マーケティング、販売といった業務のプロセスで仕事を分担する。いっぽう日本的雇用システム（メンバーシップ型）では、その境界を集団作業や調整、あるいは重複によって橋渡ししてきた。たとえば野中らによると日本の自動車メーカーでは、ラグビーのように開発の各段階をオーバーラップさせることで新製品投入までのリードタイムを短縮してきたという。（注４）いずれにしても、かりに一人で担当できる範囲が広がれば、それだけコミュニケーションの齟齬は回避できるし、頭のなかにある「統合された知」が発揮されるわけである。

見逃してはいけない大事なポイントは、異質な知識、多様な経験が頭のなかで「統合」されているところにある。その点で、単に一人で複数の仕事をこなすだけの多能工やマルチワーカーとは違う。

ところで中村が注目した医療の場合、いうまでもなく患者は一人ひとり異なる。したがって患者の個性に合わせた医療が必要になり、そこに全科医の強みが発揮される。それはモノづくりにおける多品種変量（あるいは多品種少量）生産や、顧客に合わせたオーダーメードのサービスというポスト工業社会の要請にも合致する。

「統合された知」を活用するうえで最大のネックになるのは、やはり仕事の効率性と個人の能力水準である。しかし、すでに述べたようにITをはじめとした急速な技術進歩によって、その限界は取り払われていくに違いない。現時点でもすでに克服されつつあることは、センサー、IoTを活用した一人生産方式や、AIを利用した製薬会社の営業などで紹介したとおりである。仕事の周辺部分を専用のソフトに委ねたり、インターネットで広範囲かつ柔軟に他者と連携したり、ITの力を借りることで人間特有の「統合された知」が生かされるのである。

感覚、感情がそのまま生かせる「強み」

これまで述べてきたように、暗黙知のように直接形に表せない能力は抽象的であり、ITなどによって代替することが比較的難しい。

しかし、「知」よりもっと抽象的なものがある。感覚や感情などがそれだ。そのなかには意識にさえのぼっていないものもある。人間の脳のなかでは潜在意識が圧倒的な割合を占め、意識されているのはごく一部だともいわれる。

作家や芸術家の仕事を見ればわかるように、感性や感情は創造的活動において大切な役割を果たしている。それはAIによっても代替することが難しい。もっとも、いずれ取って代わられる可能性がまったくないとは言い切れないが。なお感性を含む人間の創造的能力とAIとのせめぎ合いについては、数学者でありエッセイストでもあるM・D・ソートイ(注5)が数々の具体的な対象を深く分析しているので参照されたい。

ただ、かりにAIによる代替が進むとしても、それはかなり先の話であり、しかも見通せる将来において全面的に人間の頭脳に置き換わる可能性は低い。しかも微妙な感覚や感情は自分自身でさえ認識できないくらいなので、他人と共有するのは「知」の共有よりはるかに困難だ。いくら共通体験をしたり、メタファーを使ったりしても限界がある。極論すれば他人の頭脳と何らかの手段で連結できるようにでもならないかぎり、共有は不可能だといえよう。その点、作家や芸術家は他人と共有することが困難な感覚や感情を、そのまま作品のなかに投影する。感覚や感情は、作品になって初めて形として結実するのである。

それは、作家や芸術家のみに当てはまることではない。

オーダーメードの高級服のデザイナーは、客が晴れ舞台で振る舞う様子をイメージしながら服をデザインするという。美容師は客が醸し出す雰囲気に合うような髪形に整え、メイクをするそうだ。

先にあげた「自営型社員」の例では、リフォーム会社の営業担当者は作業が進行中の外観から、依頼者の妻が抱いている期待とのズレを直感的に察知し、修正を施す。メーカーのプロダクトマネジャーは、市場の空気が変化する兆しを感じ取り、開発中の製品に感じたままの微調整を加えるかもしれない。言葉で表現したり体験の共有で伝えたりできないほどの微妙な感覚でも、自分自身のなかでは直接仕事に反映させられるのだ。そして、その感覚には当人の生まれ持った個性や、記憶のなかに眠っている体験、感動などが無意識に生かされているのだろう。

自営型で発揮される、「知的熟練」「知識創造」「擦り合わせ」の真髄

もちろん個人でまとまった仕事がこなせるようになったからといって、他者や外部との連携・調整が不要になるわけではない。そこで考えるべき点がコミュニケーションである。まず、自営型なら製品や仕事の全体像を理解しているので、調整や交渉がしやすいという面がある。以前、建設コンサルタントの会社でつぎのような話を聞いた。

企業が役所から工事を受注しようとするとき、日本の企業は各部署の担当者がそれぞれ分厚い書類をたくさん抱えてプレゼンに臨む。しかし各自が自部署の立場からしか発言できないので、説明にまとまりがなくなりがちで、質問されたら回答にも手間取ることが多い。いっぽう外資系の企業は、プロのコンサルタントが一人でアタッシェケースを提げてやってきて、要を得たプレゼンを行い、質問に対しては自分の判断で即座に回答する。そのため日本企業は競争に負けてしまうことが多いという。

すでに述べたように、「知的熟練」「知識創造」「擦り合わせ」といった日本企業のアナログ的な仕事や能力活用の特徴は、組織や集団単位で成果として結実することが想

定されている。たしかに、かつての技術的環境のもとではそれが必然的だった。

ここで振り返ってもらいたいことがある。第一章で述べたように、日本的雇用システム見直しの機運を高めたのがコロナ禍、とりわけテレワーク導入にともなって発生した不都合である。コロナ禍で緊急避難的にテレワークが導入された際、集団作業の多い日本の職場では仕事に支障をきたすケースが多かった。それがテレワークの本格的な導入を妨げる一因にもなった。ただ実際にテレワークが支障をきたしたのは、単に集団作業が多いというだけでなく、「知識創造」や「擦り合わせ」といったアナログ的な仕事のプロセスが障害になっていたことも見逃せない。研究開発のような職場が真っ先に対面での仕事に戻そうとしたのもそのためである。

すなわち共同体型組織という日本企業の「弱み」と、アナログ的な仕事という「強み」の両方がテレワークの障害になっていたわけである。前述した日本企業の「強み」と「弱み」の渾然一体化だ。したがってテレワークを行いやすくするため、共同体型組織を見直すと同時にジョブ型を導入して仕事を標準化してしまえば、「産湯と一緒に赤子を流す」愚を犯すことになりかねない。ここでも「強み」と「弱み」の峻別が大切なのである。

そして、もう一歩踏み込んでいうと、たとえテレワークもジョブ型も拒否して従来どおり対面での相互作用を維持したとしても、前述したように組織や集団を介する以上、コミュニケーション、情報共有には自ずと限界がある。

ところが幸いなことに、ITをはじめとした技術的環境の飛躍的進化により、必ずしも組織や集団を要しない領域が広がってきた。あるいは組織を必要とする場合も、第三章で述べたように組織の一員としてではなく、組織をインフラとして利用するケースが増えてきた。その結果、人間の能力がより多面的、かつ統合的に発揮できるようになった。しかも職人や専門職を見ればわかるように、長期雇用を前提とせず、職場を移りながらこのような能力を蓄積できるし、一人ひとりの独立性が高いぶん、リモートで働くことにも支障は少ない。

もちろん共同体型組織で行われてきたような濃密な相互作用には、捨てがたいメリットがある。しかし、自営型だからそれができないというわけではない。実際、フリーランスどうし、あるいはフリーランスも参加するプロジェクトチームのなかでは、社員どうしの場合と変わらない濃密な議論や協働が行われている。同時に、共同体のしがらみにとらわれないというメリットも享受している。

振り返ってみると、知的熟練にしても知識創造にしても共同体型組織のなかで培われ、発揮されてきたことは事実である。しかし、かりに共同体型組織の制約がなければ、その効果がもっと広範に及んだかもしれない。

さらに自営型では、知識創造や擦り合わせの「質」をいっそう高められる可能性がある。たとえば知識創造論では、暗黙知と形式知が相互作用することでイノベーションが生まれるとされている。(注6) それが組織やチームのなかで行われるのだ。いっぽう自営型では暗黙知と形式知の相互作用が一人の頭のなかで行われる。そもそも他人に伝達したり、メンバーで共有したりする必要がなければ、知識創造のプロセスで形式知化する必要はない。最終的にアウトプットするところでさえ形式知化すればよいわけである。

擦り合わせについても、たとえば第四章で紹介した諸々の「一気通貫制」は、ITの力を借りるなどして一人で擦り合わせを行っているともいえる。

いずれの場合も他人とのコミュニケーションを介しないので、情報伝達の際に生じるロスやゆがみが排除される。もっとも、他者とのコミュニケーションの過程で多様な知識や刺激が生かされるというメリットはあるだろう。しかし、それはメンバーの意見対立や能力水準の不一致が創造の足を引っぱるデメリットと表裏一体である。また個人の受け持つ範囲が広がれば、より大きなスケールで相互作用し、後述するようにより生産的なチームワークを発揮することができる。その結果、知的熟練や知識創造、擦り合わせといった日本企業の誇るアナログ的な強みは、メンバーシップ型よりもむしろ自営型でこそ十二分に生かせると考えられる。

図6-1
知識創造の進化

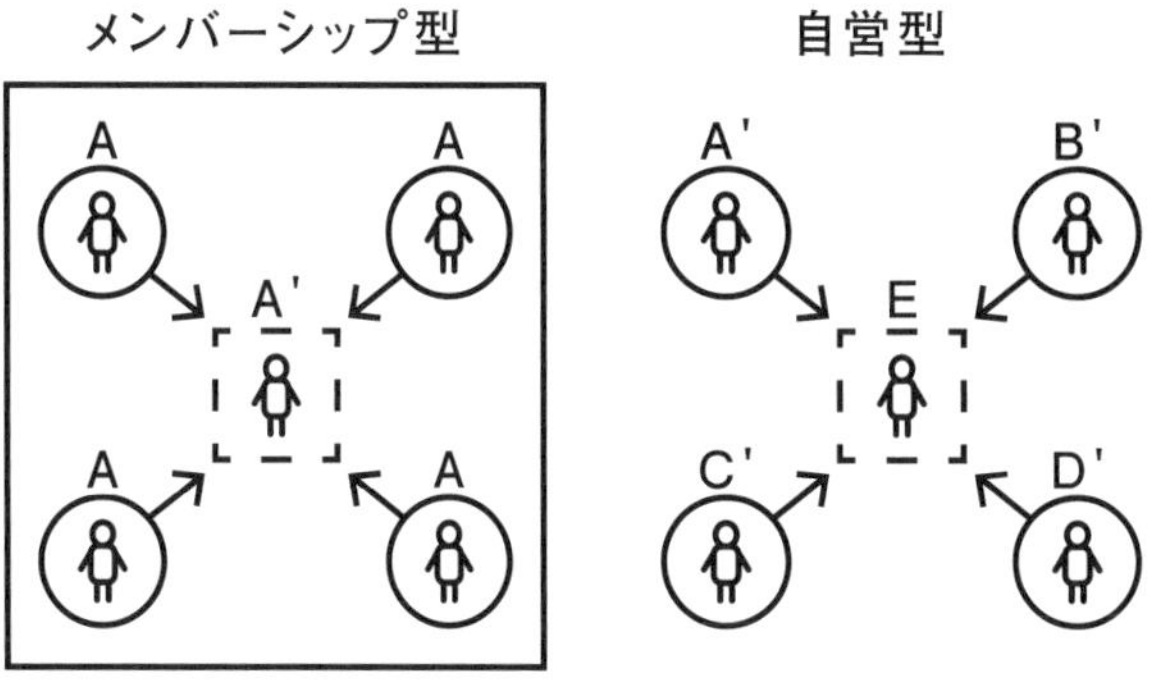

注：丸は個人の知、破線の四角は集合知、実線の四角は組織を表す。

図6―1は自営型の導入によって、知識創造のプロセスがどのように進化するかを表したものである。メンバーシップ型ではメンバーが同質的なため、相互作用のなかから生まれる集合知はメンバーの知（A）を延長したもの（A'）になりやすい。いっぽう自営型では、まず前述したように個人の頭のなかで相互作用が行われ、メンバーシップ型の集合知に相当するA'が得られる。他のメンバーもそれぞれが独自にB'、C'、D'を獲得する。そのうえでメンバーが異質な知を持ち寄って相互作用すると、非連続でしかもスケールの大きな集合知（E）が生まれる。

チームワークのあり方そのものが変わる

では、そもそも自営型のチームワークは従来のメンバーシップ型のチームワークとどこが違うか、チームワークの原点から説明しよう。

チームワークはメンバーの特徴から、大きく二種類に分けられる。

一つは、メンバーの「同質性に基づくチームワーク」である。日本企業ではこれまで学歴、能力、価値観などが似通った人物を好んで採用し、長期雇用とローテーション人事のもとで自社のカラーに合う社員を育成してきた。その結果、「金太郎飴」と皮肉られるほど同質性の高い集団が形成された。

このような同質的なメンバーによるチームワークは、仕事の内容も目標も明確な工業社会、とりわけ少品種大量生産型のシステムには適していた。しかし技術革新によって機械による大量生産が可能になり、デジタル化でソフト面でも容易にコピーできるようになると、同質的なチームワークの必要性は小さくなる。極論すれば同じ知識を持った人は地球上に二人といらないからである。顧客ニーズの多様化も、同質的チームワークの必要性低下に拍車をかける。

そこで、別のタイプのチームワークが重要になる。「異質性に基づくチームワーク」である。すでに述べたように自営型では、「個人特殊的」能力が形成されやすい。能力や専門性などが異なる人たちが、共通の目的を達成するために連帯し、それぞれの専門能力や個性を生かしてチームのために貢献する。その過程では互いの個性をぶつけ合い、相互作用するところから創造や革新が起きる。したがってハードウエアよりソフトウエアが価値の源泉となり、多品種少量生産、あるいは多品種変量生産が主流となるポスト工業社会の要請にかなっているといえる。

このことをさらに掘り下げて考えるため、É・デュルケームの理論を持ち出してみよう。社会学者のデュルケームは、社会的連帯を二種類に分けている。類似した者どうしが結びつく「機械的連帯」と、異なる者からなる「有機的連帯」である（注7）。

「石垣」式チームワークの強み

ここでいう機械的連帯は前述した「同質性に基づくチームワーク」であり、メンバーは容易に取り替えがきくので互いの結びつきは弱く、個人の立場も弱い。

それに対して有機的連帯は、有機体である人間の器官と同じように、メンバーそれぞれがチームにとって不可欠な存在であり、メンバーどうしが対等な関係で結びつく。

まさに「異質性に基づくチームワーク」である。

映画の制作を例にとると、監督は思い描いた映画をつくるため、役柄にマッチする個性的な俳優を招き寄せる。また制作に当たっては撮影、音声などそれぞれの技術に長けたプロフェッショナルがスタッフとして加わる。よい映画をつくるうえで主要メンバーはいずれも余人をもって代えがたい人物だ。いっぽう各メンバーにとっては、他のメンバーとの協働を通して自分の能力が発揮され、成果が残せるのである。それがメンバーシップ型やジョブ型なら、社内のスタッフが担当したり、外部から標準的な人材を集めたりすることになるので、平凡な作品しか生み出せないだろう。

一般企業では、新製品の開発プロジェクトやイベントの企画・運営、経営戦略の策定といった場面において、専門性やものの見方などの異なる人たちがメンバーとしてチームに参画する。ちなみに近頃はやりのオープンイノベーションは、それをさらに社外へ広げたものだ。

このような「有機的連帯」「異質性に基づくチームワーク」の特長は、チームの成果と個々のメンバーの利益が一致しているのでモチベーションが高くなり、優れた成果が生まれやすいところにある。またメンバーにとっても、一人ひとり取り替えがきにくいので個人の立場が強くなる。しかも役割や目標が違えば互いの利害が対立せず、共存できるという長所がある。

そして「有機的連帯」「異質性に基づくチームワーク」に適している働き方が自営型である。そもそもメンバーシップ型では、前述したようにメンバーが同質的になりやすい。またジョブ型では多様なジョブのメンバーでチームを編成することはできるが、異なるジョブを組み合わせる協働のスタイルなので「有機性」に欠ける。

その点、自営型は個人の能力や意思によって比較的伸縮自在なので、相手に応じて、あるいは状況に応じて有機的に連帯しやすい。しかもメンバーどうしが相互依存関係にあるので結びつきが強固になる。メンバーシップ型のチームワークを土壁、ジョブ型のそれをブロック塀にたとえるなら、自営型のチームワークは多様な石を組み合わせた石垣にたとえられる。土壁や鉄筋の入っていないブロック塀が災害に弱く耐久性に欠けるのに対し、戦国時代につくられた城の石垣が、長年の風雪と度重なる地震にも耐えて今日まで生き残っていることを見れば、異質なものの組合せがいかに強靭かを想像できるだろう。

自営型のチームワークが強固になる理由がもう一つある。それはメンバーの間に有形無形の交換関係が存在することだ。メンバーシップ型やジョブ型では、メンバーはあくまでも組織の一員として協力し合っている。そのため相手を助けても直接相手のためにはならないし、個人的に心から感謝されることもない。いわば「組織のための協力」であり、当然ながら見返りも期待できない。

それに対し個人の独立性が高い自営型では、直接相手のために役立てる。そして感謝されたり、何らかの形で逆に助けてもらったり、という「見返り」も期待できる。農家や漁師、商店主、大工、タクシー運転手などが互いに助け合い、協力し合う姿を見ていると、普通の会社における社員どうしのそれとは明らかに違うことに気づくはずだ。彼らが自発的に協力し合う背景には、相手のために役立ちたいという純粋な利他心に加え、ほんとうの意味での「お互い様」意識が働いているのである。

したがって日本企業、日本の業界が得意とする「擦り合わせ」の強みも、自営型の「有機的連帯」「異質性に基づくチームワーク」でこそいっそう生きてくると考えられる。

WBC、ワールドカップの日本チームに見る理想像

ここで、だれもがイメージしやすい象徴的な例を取りあげてみたい。

二〇〇〇年から二〇〇五年にかけて放映されたNHKのドキュメンタリー番組、「プロジェクトX 挑戦者たち」（以下「プロジェクトX」と略す）。オープニングのテーマソングに使われた中島みゆきの「地上の星」を聴けば、思い出す人も多いだろう。

番組では黒四ダムや東京タワーの建設、国産旅客機の開発、さらには大噴火した伊豆大島からの島民脱出作戦など、奇跡ともいえるプロジェクトの成功物語がリアルに描かれていた。そこに登場するのは、使命感に燃える優秀な技術者や腕利きの職人たちである。彼ら彼女らの自己犠牲をいとわぬチームワークと、超人的な活躍によって「奇跡」が成し遂げられたのである。

本書の冒頭で取りあげたWBCの「侍ジャパン」、それにサッカーやラグビーのワールドカップの日本チームも「有機的連帯」「異質性に基づくチームワーク」のモデルになることは間違いない。国内外から集結した持ち味の異なる選手たちが、それぞれ

の特色を生かしながら勝利・優勝という目標のために団結し、力を発揮した。二〇二三年のWBCでは目標どおり優勝の栄冠を手にしたし、二〇一九年のラグビーワールドカップでは史上初のベスト8、二〇二二年のサッカーワールドカップもドイツやスペインという強豪を撃破して決勝トーナメントに進出した。とりわけサッカーやラグビーの日本チームは、国際試合の経験が浅く体格的なハンディがあることを考えれば大健闘だったといえよう。

これらの事例にはいくつかの共通点がある。

まずメンバーそれぞれが個性的で、一人ひとりが「顔」を持っていたことである。「プロジェクトX」は「無名の日本人」が主人公という番組のキャッチコピーとは裏腹に、主要メンバーはけっして匿名の個人ではない。たとえば〝新聞界の風雲児〟前田久吉、〝塔博士〟内藤多仲、〝人間コンピュータ〟宇治野巧というように個性を強調しながら紹介されている。(注8)

WBCでは大谷翔平の二刀流や周東佑京の韋駄天ぶりが話題になったし、ワールドカップのラグビーでは「キックの名手、田村優」「ジャッカルの姫野和樹」と呼ばれたものだ。またサッカーでは「三笘（薫）の一ミリ」という流行語も生まれた。

もう一つの共通点は、「プロジェクトX」の場合はプロジェクトの完遂まで、日本チームの場合は大会終了までと期間が限定されていたことだ。

期間がかぎられていると、将来の利害が対立しないので互いに助け合える。WBCでは最年長のダルビッシュ有がチームメートに対して、メンタル面における調整方法から投球テクニックまで、長年の経験で身につけた知識を惜しげもなく伝授していたといわれる。同じ球団、あるいは同じリーグの選手どうしなら、ライバル関係にあるのでこうはいかなかっただろう。

また「プロジェクトX」の主要メンバーは他の仕事を棚上げして目の前のプロジェクトに専念したし、ラグビーの代表選手は「すべての時間を犠牲に」して、年間二四〇日にも及ぶ合宿生活に耐えてきた。いずれも目の前に明確な目標があったからこそ自己犠牲を受け入れられたに違いない。

そして、見逃せないのはリーダーシップである。各チームのリーダーはプロジェクトの成功、チームの勝利という目標を達成するのに最適なメンバーを招集した。そこではただ有能かどうかではなく、チーム内での役割やミッションを果たすのにふさわしいかどうかを基準にメンバーを選んだわけである。とくにスポーツチームの場合には、組合せの最適化が意識されていたことがうかがえる。前述した「石垣」のイメージどおりだ。

こうしてみると、「プロジェクトX」で紹介されたプロジェクトチームもWBCやワールドカップの日本チームも、自営型のチームワークの強みを遺憾なく発揮していることがわかる。もう一つ付け加えるなら、そこには自営型特有のモチベーションが強く働いていたと考えられる。それについては次節で詳しく説明しよう。

環境変化の激しいVUCAの時代には、プロジェクトベースの仕事がいっそう増えると予想される。そこでは自営型で働く人たちのチームワークが主流になってくるだろう。

02 「やる気の天井」を破る——意欲が飛躍的に高まる理由

フリーランスのエンゲージメントはなぜ高い？

すでに述べたとおり、仕事の成果や生産性を決める二大要素は「能力」と「意欲」である。前節では、そのうち「能力」について、自営型のもとで個人とチームの両面において最大限に発揮されることを説明した。この節では、もう一つの要素である「意欲」に注目し、なぜ自営型のもとでは意欲が高くなるかを詳しく説明したい。

第一章で述べたように、仕事に対する意欲や働きがいを表す指標としてエンゲージメントがある。熱意、献身、没頭の三要素からなるものだが、ビジネスなどの世界では単に「熱意」と訳されることもある。いずれにしても、ここで取りあげる「意欲」と関係の深い概念であることは間違いない。

そしてギャラップ社の調査などから、エンゲージメントは生産性と相関があることが明らかになっている。厳密にいえば相関は因果関係を説明できないので逆の因果関係、すなわち生産性が上がったらエンゲージメントも高まるという可能性も排除できないが、具体的な事例などに照らしても「エンゲージメントが高まると生産性が上がる」と解釈してよかろう。

そこで再び、日本人のエンゲージメントに注目してみよう。

すでに紹介したとおり、日本人は表面的な勤勉さと裏腹にエンゲージメントは世界最低水準にある。ところが石山恒貴の研究では、就業区分で比較するとフリーランスのエンゲージメントは会社員より高く、欧米諸国の水準と比較しても遜色ないことが明らかになっている。(注9)

なおエンゲージメントにかぎらず、この種の意識調査において日本人は控えめな回答をしがちなため、他国に比べて数値が低く表れやすいことが指摘されている。かりにそうだとしたら、日本人フリーランスのなかでも比較的専門性・自律性の高い職種の人たちのエンゲージメントは、欧米諸国を上回るほど高い水準にある可能性もないとはいえない。

いずれにしろ、日本人のエンゲージメントが低いのは企業等に雇用されている労働者であって、同じ日本人でもフリーランスのエンゲージメントはかなり高いのである。

たしかに作家や芸術家、それに起業家やユーチューバーのなかには、まるで何かにとりつかれているかのごとく仕事に没頭している人や、文字どおり寝食を忘れて働く人がたくさんいる。仕事だけが生きがいという人も珍しくない。しかも第一線で活躍する作家や芸術家、職人のなかには七〇代、八〇代の人も多く、いくつになっても尽きない仕事に対する情熱と、作品づくりへの執念に驚嘆させられることがある。

彼らは特別だと思われるかもしれない。しかしすでに述べたように雇用と自営とが地続きになってきているいま、組織に属していても「自営型」で働く人たちの仕事に対する意欲は完全な自由業、自営業の人たちと極端には違わないはずだ。実際に業務委託などで働くフリーランスの人はもとより、前述した「自営型社員」のなかにも普通の社員とはモチベーションが明らかに違う人が多い。

なぜ、自営型では意欲が高くなるのか？

それを解明する前に、意欲を表す言葉を整理しておこう。「エンゲージメント」

（ワークエンゲージメント）は仕事に対して積極的に関わる状態を表し、「モチベーション」（ワークモチベーション）より広い概念であり、働きがいや満足度なども含まれる。したがって純粋な「意欲」だけを取り出すことが難しく、そのうえ歴史が浅い概念なので研究成果の蓄積も乏しい。

そこで本章では「意欲」を表す概念として、研究の蓄積が豊かなうえ一般の人にもなじみのある「モチベーション」を主に用いることにしよう。

一般にモチベーションは、「内発的モチベーション」と「外発的モチベーション」に分けられる。内発的モチベーションに関して心理学者のE・L・デシは、つぎのように述べている。「内発的に動機づけられた活動とは、当の活動以外には明白な報酬がまったくないような活動のことである（注10）」。

つまり内発的モチベーションとは、仕事や活動そのものの楽しさ、面白さなど人間の内側から湧いてくるモチベーションのことである。それに対し外発的モチベーションとは、モノや金銭、地位、名声など人間の外側から得るものによって生じるモチベーションのことをいう。

このように分類したうえで、まず自営型の働き方と内発的モチベーションの関係から説明しよう。

内発的モチベーション

内発的モチベーションを論じるうえで、キーワードになるのは「自律性」である。自律とは文字どおり自分で律することであり、自由や裁量ともほぼ同義語である。また働き方に関係する自律性にも、仕事をするうえでの自律性、仕事をする時間や場所の自律性、キャリアという長期的な時間軸のなかでの自律性などがある。

これらのうち内発的モチベーションに関係が深いのは仕事をするうえでの自律性であり、以前から職務特性に関する研究のなかで取りあげられることが多い。代表的なものがJ・R・ハックマンとG・R・オルダムの研究である。それによると、仕事の自律性が高いほど仕事の成果に対する責任感が強くなり、それが内発的モチベーションを高める。(注11)

職場の物理的環境も自律性を左右する。細見正樹が二〇二〇年に行った研究では、コロナ禍において在宅勤務を行う頻度が高いと、成長につながる「挑戦的要求度向上」（太田注：挑戦的な仕事を求めること）が起こるという結果が出ている。その理由として、在宅では上司から監視される度合いが少なく自律性が高いことがあげられている。（注12）

では、日本的雇用システム（メンバーシップ型）と自営型を比較してみよう。

第一章で指摘したとおり日本の職場では集団作業が多く、一人ひとりの分担が不明確である。職場によっては上司から事細かに指示され、たとえ指示されなくても他人と歩調を合わせなければならない。そのため個人の自律性はあまり高くない。それに比較するとジョブ型では自分の職務が決まっているので自律が可能だが、その範囲が比較的狭いところに限界がある。

その点、自営型は文字どおり自営業のように仕事のやり方もペースも裁量の範囲が広い。単調にならないよう自分で仕事に変化をつけることもできるし、自ら挑戦的な目標を設定することもできる。また前述した「ジョブクラフティング」や後述する「職務再設計」との関連でいえば、自営型なら自分にとって得意なものを生かしたり、興味に沿うような仕事のやり方に変えたりできる余地も比較的大きい。

さらに自営型は仕事の独立性が高いうえ、仕事の成果で管理すればよいのでテレワークがなじみやすいという利点もある。

このように自営型の働き方は、内発的モチベーションが高くなる条件がそろっているといえる。

外発的モチベーション

つぎに外発的モチベーションについて説明しよう。

外発的モチベーションは、自分の外側から得られる有形無形の報酬(正確には報酬と呼ぶのが適切でないものも含まれるが)によって生じる。その外発的モチベーションが生じるプロセスを説明する、最もポピュラーな理論がL・W・ポーターとE・E・ローラーIII(注13)などが定式化した「期待理論」である。

期待理論を単純化して説明すれば、モチベーションは「期待」と、報酬や目標の「魅力」を掛け合わせた値によって決まる。

ここでいう「期待」とは、努力すれば報酬や目標が手に入る見込み、すなわち主観的な可能性を意味し、最大1から最小0までの値をとる。たとえば自分が価値を置く報酬や目標に、努力すれば手が届くと思えば「期待」は1になり、努力しても無駄だと思えばそれが0になる。

いっぽう報酬や目標の「魅力」は、最大1から最小マイナス1までの値をとる。たとえば昇進は多くの人にとってプラスの魅力を持つが、昇進したくない人にとってはマイナスになる。なお私の個人的な見解として、報酬の魅力は無限大と考えたほうが現実に合っているように思う。たとえば起業が成功すれば億万長者になれるとか、時代の寵児になれそうな場合には、たとえ「期待」すなわち成功の見込みが低くても、驚異的なモチベーションが発揮される場合がある。

以下、「魅力」と「期待」に分けながら、従来の日本型雇用システム（メンバーシップ型）で働く場合と、自営型で働く場合とを比較する。

メンバーシップ型、ジョブ型の限界

まず報酬や目標の「魅力」を比較してみよう。

メンバーシップ型のもとでは、だれでも真面目に働いていたら給与や賞与が与えられ、それなりに出世できる。金銭的報酬や地位だけではない。共同体型組織のなかでは、日々の仕事や仲間との人間関係のなかで得られる承認もまたモチベーションをもたらしている(注14)。なお承認は「内発的モチベーション」を高める効果もあることが明らかになっている(注15)。

しかし、それには限界がある。メンバーシップ型にしてもジョブ型にしても、組織主導で組織の業務を分担している以上、かぎられた報酬しか獲得できない。とくに日本企業では年功序列制や集団主義という大枠があるため、いくら努力しようと報酬にも地位などの目標にも上限がある。また日本企業では「仕事は組織でするもの」という建前があるので、大きな貢献をしても個人の名前が社外に出ることはめったにない。そのため、自ずと〝やる気〟に「天井」ができる。

ただ、いっぽうでは自発的な残業や休日返上といった行動以外にも、日本人のモチベーションの高さを物語る現場の日常的な姿がある。

たとえば日本企業には「ワイガヤ」という習慣があり、みんなでワイワイガヤガヤ議論するなかで新しいアイデアが生まれるケースが多いといわれる。「知識創造」の現場がそれだ。たしかに口角泡を飛ばし、深夜まで議論する姿はモチベーションの高さをうかがわせる。「仲間と徹夜で仕事をして朝焼けを眺めると、たとえようのない充実感を覚える」と口にする人もいる。

しかし一歩職場を後にすると、仕事のことは頭から離れ「娯楽モード」に入るのが普通だ。私費を投じて仕事に直結する勉強をしたり、専門家に教えを請うたりする人は少ない。冷めた見方をすれば、ただ楽しいからワイワイガヤガヤと議論しているだけなのである。

裏付けとなる研究結果もある。ブレインストーミングなどの集団的活動は、メンバーが感じている充実感とは裏腹に、客観的な成果は個人の集合に及ばないことがデータによって示されているのだ。(注16) それには、やはり努力によって得られる有形無形の報酬が小さいことが関係していると考えられる。しかも難しい課題や学習が不十分な課題になるほど、集団では仕事のパフォーマンスが低下することが指摘されている。(注17)今後、オリジナリティや仕事の質がいっそう高いレベルで求められるようになるだけに、見過ごせない弱点である。

「組織の一員」として働くことの限界といえるだろう。

自営型で「やる気の天井」を突き抜ける

それに対して自営型は〝やる気〟の「天井」が高くなる。いうまでもなくフリーランスの場合は実力と努力次第でいくらでもお金を稼ぐことができるし、自分が理想とするようなビジネスを行うことも、有名人になることもできる。起業家やコンサルタントにインタビューすると、仕事中だけでなく一日中、つぎは何をしようか仕事のことばかり考え続けているという人が多い。会社勤めからフリーランスになったとたん、ワクワクして朝早く目が覚めるようになったという人もいる。

「自営型社員」の場合でも、会社は個人の貢献度や成果を把握しやすいので、高額の報酬によって報いることが可能だ。実際に外資系の投資銀行の社員には、億単位の年収を得ている人も少なくないといわれるし、広告会社のコピーライターや服飾メーカーのデザイナーのなかには社会的に名の知られた人もいる。彼らにとって金銭的な報酬だけでなく、自分の名前で仕事をすることがとても大きなモチベーションになっているのだ。

そもそも自分の名前で仕事をすることは、自営型の特権だといってもよい。

メンバーシップ型やジョブ型で働く場合、一般に個人の裁量が小さく、組織の一員として働くという性格が強い。そのため個人の名前を出させることは、へたをすると客の目を通して仕事ぶりを監視することになりかねない。だからこそ、むしろ匿名のほうが好まれるわけである。窓口業務とか顧客のクレーム対応の仕事などはその典型だ。

それに対して自営型は仕事のなかに個性が反映されることが多く、自分の仕事に対する一体感が強い。仕事の成果はいわば「作品」であり、名前や顔を出すことで「作品」と制作者がさらに一体化される。小説と作家、映画と監督、曲と作曲家が一体化されるのと同じだ。当然、そこから責任感とモチベーションが湧いてくる。

先に紹介した「プロジェクトX」のなかに、象徴的なくだりがある。

戦後の復興から成長へ移行しようという昭和三〇年代初期、世界一の鉄塔、東京のシンボルといわれた東京タワーの建設に携わった「鳶の親方・増田英男、四〇歳」はこう決意した。

「とにかく、自分の名が残るからには、どんな仕事であろうと無様な仕事だけはしない」と、常に固く念じながら仕事に取り組む、いい意味での昔気質の親方だった。(注18)

陰徳を積むのが美徳とされ、自己主張がはばかられる日本社会では、自分から名前を出してアピールする人は少ない。しかし内心は別だ。実際、会社でも自分の「作品」とともに自分の名前を出すことによって、モチベーションアップにつながったという事例やエピソードは数多い。

たとえば京都府内の工作機メーカーN社では、社員一人ひとりに機械一台の組み立てを任せるとともに、できあがった製品に個人の名を記したネームプレートを貼って出荷するようにした。すると社員が自ら精力的に働くようになり、製品の品質が目に見えて向上した。そして若手社員の離職がほぼ皆無になったそうである。二〇年ほど前に私がこの会社を訪ねたとき、当時はまだ珍しかった茶髪で耳にピアスを着けた若者たちが、黙々と仕事に打ち込んでいる姿が印象的だった。優れた製品をつくれば、顧客からよい評価が本人に返ってくる。それがモチベーションと働きがいを高めたのだと考えられている。

個人的な体験談だが、つぎのようなエピソードもある。たまたま手に入った日本酒を口にしたところ、それまで味わったことがないほどおいしかった。どこの酒だろうと酒瓶のラベルに目をやると、そこには杜氏の名前と顔写真が載っていた。さっそく酒造会社に電話をしたところ、名前と顔を出すことで杜氏のモチベーションが上がり、売上げ増にもつながっているという答えが返ってきた。

これらの例は自営型でこそ得られる顧客からの承認が、無形の報酬として大きなモチベーション源になりうることを物語っている。仲間内での評判や上司からの評価という、組織内だけの評価しか得られないメンバーシップ型やジョブ型との違いである。

見通しが立つと〝やる気〟が湧く

努力すれば報酬や目標が手に入るという「期待」の違いも大きい。

普通の社員の場合、努力すれば報酬や目標が手に入るという見通しが立たない。会社に対して大きな貢献をしても、賞与や昇給、昇進などに必ず反映されるという保証はない。貢献していない同僚が同額の賞与を手にし、同じように昇進する場合もある。人事評価という評価者の裁量が入りやすいプロセスが介在するため、あいまいさ、不確実さは避けられないのである。

とくに日本企業では個人の分担が明確でないので、努力と報酬の関係がいっそう不明確になる。一人ひとりの貢献度を正確に評価できないからである。もっとも、広い意味での報酬には仕事のやりがいや達成感といった心理的報酬も含まれるが、それらもまた得られにくい。よくあるのが、つぎのようなケースだ。

営業で苦労して取引先を増やしたとか、独自の会計システムをつくりあげたとする。しかし、いよいよその成果を目にすることができるというとき、別の部署へ異動を命じられたら精魂込めて成し遂げたものを置いていかなければならない。日本企業では頻繁な人事異動、必ずしも脈絡のないローテーションがあるので、こうしたことがしばしば起きる。それでは新たなモチベーションは湧かない。要するに個人の意思は二の次という人事部主導による人事異動が、大きな「期待」を抱けなくしているのだ。

その点、ジョブ型なら仕事の成果を目にしやすいし、とりあえず自分のキャリアは自分で決めることができる。しかし給与にしても昇進にしても決定権は会社や上司が握っていることに変わりはないので、期待どおりにならない場合がある。

それに対してフリーランスは、ほぼ自分の実力と努力次第で報酬や目標を手に入れられるし、「自営型社員」の場合も個人の貢献度がはっきりしているうえに仕事の裁量範囲が広いので、短期的にも長期的にも見通しを立てやすい。しかも営業や技術系の職種では、自営型の働き方が独立への道につながることがある。自分の夢や目標を達成するため、いざとなれば独立すればよいと考えれば、夢や目標にいたる道が増える。それだけ「期待」も大きくなるわけである。

独立という選択肢の持つ意味

独立の可能性があればモチベーションが上がる。そのことを裏付けるような事例やエピソードには事欠かない。

前章でも取りあげた小池和男は、インドネシアやタイの自動車修理工場で実態調査を行った際に、熱心な従業員は一つのグループで仕事を覚えたら関連する別のグループに移って経験の幅を広げようとすることを発見した。そして、こうした行動は彼らの多くが独立して自ら自動車整備工場を開いていることと関連していると解釈している。独立の見通しがあるから幅広く勉強したいという意欲が湧くというのだ。(注19) 将来の独立へのステップとして、自ら「自営型社員」になろうと努力しているわけである。

同じような話は国内でもしばしば耳にした。外食産業の経営者は、将来の独立を考えている人は必死で仕事を覚えようとするので目の色が違うというし、中小企業(製造業)の経営者も独立志望の社員はたくさん経験を積むために自ら残業させてほしいと申し出てくると語っていた。

ホワイトカラーでもリクルート（現リクルートホールディングス）は昔から、四〇歳前後までに退職して起業家、コンサルタントなどとして独立したり、他社へ転職したりするのが当たり前になっており、定年まで勤める人は社員のごく一部に過ぎない。そのため在職時からモチベーションが高く、新しいビジネスにも積極的にチャレンジする風土があることが広く知られている。放っておいたら徹夜してでも仕事をしたがるので、かつては会社が社員の残業対策に頭を痛めるくらいだった。

過去を振り返れば、わが国ではかつて職人や商人の世界に徒弟制度が存在し、弟子は親方に怒鳴られたり、私的な用事を手伝わされたりするなど、傍目《はため》には理不尽な扱いがまかり通っていた。それでも弟子が堪え忍んだのは将来の独立というはっきりした夢・目標があったからである。今日の社会通念に照らせば問題なしとはいえないにしても、明確な見返りのないブラック企業とは一線が画されていたといえるだろう。

これらの例では、厳密にいうと努力すれば報酬や目標が手に入るという「期待」が大きいだけでなく、より「魅力」的な目標が視野に入るのでモチベーションが上がった可能性もある。ただ仕事や人生を自分でコントロールできると思えば、達成や成長への意欲が高まる。そのことには理論的・実証的な裏付けがあるうえ、私たちの経験に照らしても間違いなかろう。

以上、「内発的モチベーション」と「外発的モチベーション」に分け、自営型の働き方でそれらが高くなることを説明してきた。

ただ内発か外発かはあくまでも研究上の区分であり、実際には両者が入り交じっていて区別が困難なケースも多い。エンゲージメントという概念も、内発と外発の両方に関係するものだといえる。

能力・意欲が相乗した「人間力」

ここまで能力と意欲を分けたうえで、意欲の種類や発生メカニズムを分解して説明してきた。しかし実際は、能力と意欲がいわば密接不可分の関係にある。たとえば能力があれば目標を達成できるという期待が大きくなるので意欲が湧くし、意欲があれば能力も身につく。能力と意欲が相乗的に作用し、より次元の高い力となって発揮されるわけである。

つまるところ自営型の強みは、前述した独特な能力（統合された知）と高い意欲が相乗的に作用した「人間力」とでもいうべきものにあると考えられる。なお「人間力」というと宗教やスピリチュアル系の概念を連想するかもしれないが、ここでは文字どおり「丸ごとの人間として保有し、発揮される〈科学的〉な能力」のことをいう。ちなみに人を評価するときなどにしばしば使われる「人物重視」という表現は、誠実さや人柄だけでなく暗黙のうちにこの「人間力」をイメージしているケースが多いようだ。

ここでいう「人間力」のなかには、一般的な能力や意欲のほか、欲望、情念、妄想など形式知化することが困難な人間特有の要素も含まれる。また、その背景には持って生まれた個性や、特異な経験などが潜んでいる。このような人間特有の要素が絡み合って紡がれ、仕事の成果となって結実するのである。

作家や芸術家、科学者、発明家、それに一部起業家など創造の最前線に立つ人々の仕事は、まさにこうしたプロセスを経て成果を生み出してきた。さらに知的好奇心、達成欲求、野心、使命感などが「人間力」をますます高め、それがこんどはより大きな目標や報酬を手の届くところに近づける。このような循環が傑出した業績に導くのである。

そこには強調しておくべき特徴が二つある。

一つは、このような「人間力」は外から見えないし、把握できないので評価も管理もできないということ。成果、アウトプットのなかにのみ反映されているのである。

もう一つは今後、それが一部の職業にだけでなく、程度の差はあるにせよ働く人全体に当てはまるようになるということだ。そもそも「人間力」は特定の人の所有物ではない。そのことは職場の全員が参加する改善活動で生まれる数々のアイデアや工夫を見れば一目瞭然であるし、多様な消費者の要求へ臨機応変に対処する各種サービス業の仕事ぶりにも表れている。

また「人間力」がビジネスの分野で働く人以外にもあまねく備わっていて、生活のなかで発揮されていることは文化人類学や民俗学の研究成果を見れば明らかである。たとえば日本中をくまなく踏破した在野の民俗学者、宮本常一の代表作、『忘れられた日本人』(注20)のなかには、長崎・対馬の古老が語ったつぎのような話が出てくる。

漁師にとって船着き場がなければ仕事にならないが、港を開くには少人数で大きな岩を除けなければならない。

「人間ちうものは知恵のあるもんで、思案の末に大けえ石をのけることを考えついたわいの。潮がひいて海の浅うなったとき、石のそばへ船を二はいつける。船と船との間へ丸太をわたして元気のええものが、藤蔓《ふじづる》でつくった大けな縄を持ってもぐって石へかける。そしてその縄を船にわたした丸太にくくる。潮がみちてくると船が浮いてくるから、石もひとりでに海の中へ宙に浮きやしょう。そうすると船を沖へ漕ぎ出して石を深いところへおとす。船が二はいで一潮に石が一つしか運べん。しかし根気ようやっていると、どうやら船のつくところくらいはできあがりやしてのう。」

（前掲、一八四〜一八五頁）

その仕事を漁に出る合間にやってしまうのである。

ＡＩの進化によって、人間の知的能力はますますＡＩに取って代わられる。それでもＡＩに代替されにくいのは、前掲のような人間特有の能力だけだといってもよい。だからこそ、それを生かし、活用することが大切になるのだ。

ところが、これらの要素が成果に結びつく過程で、組織やマネジメントによって枠にはめられると、本来の「人間力」が発揮されない。あるいは成果にいたる途中のプロセスで共有を図ろうとすると、集団にもまれ創造の芽が摘まれてしまうことがある。さらに組織の枠がモチベーションに「天井」を架すことも、すでに述べたとおりである。メンバーシップ型にしてもジョブ型にしても「組織の一員」として働くことに変わりはなく、そこに限界があるということだ。

ハードウエアよりソフトウエアの価値が圧倒的に大きくなるポスト工業社会では、一見するとわずかな発揮能力の差、それも量ではなく質の差が勝敗を分ける決定的な差になる。だからこそ「人間力」を最大限に発揮できる自営型がいっそう有利になるのである。社員一〇人程度のスタートアップや個人事業主が社員数千人、数万人の大企業に伍してビジネスを展開する姿が珍しくなくなったのは、「人間力」こそ決定的な重みを持つ時代の到来を予感、いや実感させる。

03

幸福度四七位からの逆転を

働きがいと生産性の両立が可能に

ここまで人間の能力と意欲に照準を合わせ、自営型の強みを述べてきた。

しかしいま、わが国でも能力や意欲を引き出して生産性の向上に貢献させるだけでなく、働きがいや充実感、幸福といった働く人自身のウェルビーイングが重視されるようになっている。

そのウェルビーイングを表す「幸福度」に注目すると、残念ながら日本人の幸福度はあまり高くない。国際連合の研究組織が毎年発表している「世界幸福度報告」の二〇二三年版によれば、日本は世界一三七の国や地域のうち四七位で、主要七か国（G7）のなかでは最も低い。

そのことを念頭に置きながら、自営型の働き方を個人の立場から評価してみよう。

歴史を振り返れば、欧米企業では二〇世紀に入ると作業の効率化を図るため、製造現場で分業化が進められてきた。ところが分業化は人間を機械と同一視するものであり、労働疎外をもたらすと批判を浴びるようになった。また経営サイドからも、労働者の意欲低下が製品の品質低下を招いていると問題視された。

そこで、一九七〇年代に入りＩＬＯ（国際労働機関）などによって「労働の人間化」という取り組みが進められるようになった。「労働の人間化」の中心的な取り組みが職務再設計であり、具体的な方策の一つに「職務拡大」があげられる。仕事を細分化する分業とは逆の取り組みである。

「労働の人間化」を研究してきた経営学者、奥林康司が取りあげている一つの事例を要約して紹介しよう。

アメリカのアイオア州にあるメイタッグ社の電気洗濯機製造工場では、一九五九年から組み立て費用の節約と製品品質の向上をめざして六年間で二五の職務拡大プロジェクトが導入された。その典型的な事例とされる自動電気洗濯機の給排水ポンプの組立事例では従来、五〜七人ほどがベルトコンベア・ラインに沿って組み立てていた。一人の作業時間は非常に細かく決められ、賃金は出来高給が採用されていた。

新しく取り入れられた作業組織のもとでは、製品の組み立てや品質について各オペレータにすべての責任を負わせ、移動式のコンベアを廃止して各オペレータがそれぞれのベンチでポンプ全体を組み立てるようにした。同時にだれがそれを組み立てたか確認できるよう、各製品にＩＤマークをつけるようになった。その結果、一個当たりの組み立て時間が減り、仕損率も大幅に低下した。また意識調査では、大多数（六一人中四〇人）の作業者が旧方式より拡大された新方式のほうを好んだ。(注21)

このような成功事例があるにもかかわらず、残念ながら「労働の人間化」は一九八〇年代に入ると徐々に盛り上がりを欠いていった。その大きな理由は、やはり生産性との両立が難しいところにある。「労働の人間化」のなかでは、社会システムと技術システムの「同時最適化」という概念がしばしば用いられたが、同時最適化を実現するには、やはり高いハードルがあったことになる。

しかし先に紹介した一人生産システムは、ここでいう職務拡大そのものであり、新たな技術の応用とシステムの設計により復活したものととらえることができよう。そしてＩＴの活用をはじめ、さらなる技術革新によって、いっそう広範にそれが広がる可能性を秘めている。約半世紀の時を経たいま、自営型の普及により、「労働の人間化」がいよいよ本格的に実現できる時代に入ったといえるのではなかろうか。

新次元の「ワークライフバランス」

ところで、「労働の人間化」を広くとらえるなら、働く場だけではなく生活全体のなかに仕事を位置づける必要がある。代表的な考え方が、近年重視されるようになった「ワークライフバランス」（仕事と私生活との調和）だ。

ワークライフバランスにもいろいろな考え方があるが、現実の問題としては適正な労働時間や休暇のとりやすさといった時間管理に焦点が当てられることが多い。わが国では恒常的な長時間残業や有給休暇の取得率の低さが長らく問題になってきたし、通信技術が発達した現代は電話やメールなどの手段によって仕事がプライベートな領域を侵害することにも注意が向けられている。ヨーロッパでは勤務時間外に仕事のメールや電話を拒否できる、「つながらない権利」を法制化した国もある。

たしかに現在のメンバーシップ型やジョブ型のもとでは、時間的にも物理的にもプライベートな領域を仕事によって侵害されないことに重点が置かれるのはもっともである。ただ、それは工業社会の規範を踏襲しているものだといえる。産業革命後の工場労働においては、労働者の健康や生活を守るため、労働時間をどれだけ制限するかが大きな関心事だったからである。

しかし産業革命以前、すなわち職人や自営業者が中心の時代には、そもそも経営者対労働者（資本対労働）という対立図式は明確でなく、仕事と私生活の境界は時間的にも、物理的にもはっきりとしていなかった。職住一体が当たり前で、来客があれば仕事を中断して懇談し、仕事の合間に家事や育児をこなすのも普通だった。

そしてポスト工業社会に入ったいま、ある面では先祖返りともいえる変化が起きている。フリーランスの増加で経営者対労働者という構図が崩れつつあるとともに、I

T化などの技術革新によって単純作業や定型的な業務は大きく減少した。その結果、柔軟な働き方が求められる仕事が増えてきた。

それはインプットとアウトプットの両面についていえる。仕事のアイデアや創造は、いつ、どこで生まれるかわからない。たとえ勤務時間が決められていたとしても、それと無関係に日常生活のなかでしばしば生まれる。いっぽうで知的な仕事の成果やサービスもまた不定期に求められることが多い。

個人の立場からすると、通信技術の発達によって人々は必ずしも同じ時間に同じ場所で働く必要がなくなった。みんなが集まって一緒に仕事をしなくても、組織やチームの一員としての役割が果たせるようになったのだ。「役割と行動の分離」といえる現象であり、テレワークはその象徴である。

実際にテレワークでは自由な場所で働けるだけでなく、仕事中でも工夫すればちょっとした雑用がこなせるし、家事や育児との両立もしやすい。もっとも第一章で触れたように、従来の雇用システムのもとでは時間的な融通をきかせにくいが、個人の分担が明確なジョブ型なら調整が比較的容易になる。それでも一つの業務を複数人で担当する場合、ミーティングなどが欠かせず、そのための時間調整も必要だ。

その点、一人でまとまった仕事を処理する自営型ではミーティングや時間調整の必要性は小さくなるし、テレワークの恩恵をフルに生かせば、かつての職人や自営業者よりもいっそう場所や時間に縛られない働き方ができる。

公私分離から「公私融合」へ

そこにあるのは仕事と生活、言い換えれば「公」と「私」の新たな（？）関係だ。工業社会型の公私分離ではなく、公私が融合するわけである。

長年にわたり労働問題を研究してきた森清は、「公」と「私」がそれぞれ独立しつつ必要に応じて融合し、互いに補完する役割を果たすことを「公私融合」と呼んだ。それは「公」のために「私」を犠牲にする「滅私奉公」とは対極のものだと主張する。(注22)

当然ながら「公私融合」には、働く人にとってプラスとマイナスの両面がある。仕事の合間に雑用をこなしたり家事、育児、介護などと両立できたりするメリットがある半面、まとまったプライベートな時間をとりにくいとか、家族団らんの時間に仕事の対応を迫られるので気が休まらないといったデメリットもある。

功罪どちらが大きいかは、主に会社と個人との力関係に左右される。一般労働者、とりわけ日本企業の社員のように会社側が圧倒的優位にある場合、公私が融合すると会社のペースで働かされるため働く人にとって不利になりやすい。

しかし自営業やフリーランスで会社や顧客に対して対等な交渉力を有する場合には、自分の都合に合わせて仕事のスケジュールを決めることもできる。自営型のなかでもとりわけ仕事内容や仕事の進め方が比較的柔軟に決められる業種では、自分の好みや生活スタイルに合わせて働き方を調整できる。そもそも他律的な「労働」ではなく自分の「仕事」であれば、私生活に少々の支障が出ても苦にならないという人が多いことは事実だ。労働者意識とオーナーシップ（所有者意識）の違いだろう。

したがって現状はともかく、自営業化が進み企業と個人の力関係が対等に近づくとともに、そしてIT化とグローバル化によって人々の仕事や生活がますます多様でボーダレスになれば、ワークライフバランスの考え方も、公私の分離から融合へと変わってくるかもしれない。

それはまた前述した「人間力」、すなわち感性や情念なども含む丸ごとの人間としての力が発揮される自営型の働き方とも関係している。純然たる仕事の時間、仕事の場を超えた全生活時間、全生活領域で獲得したインプットがアウトプットに反映されるからである。昔の芸能人が遊びも「芸の肥やし」と言い訳したのも、倫理的にどこまで許されるかはともかく、いわんとすることはわからないでもない。

いずれにしても個人の生活領域が労働によって侵食されるのをいかに防ぐかという、守り一辺倒の伝統的なワークライフバランスからのパラダイム転換といえる。

ここで一つ付け加えておくなら、「公私融合」が進めば、逆に仕事の場、生活の場それぞれからいかに離れる機会をつくるかが課題になると予想される。その意味でも、本来のコミュニティの再生と刷新にいよいよ本腰を入れなければならないだろう。

自営型は幸福度が高い

働く人のウェルビーイングや幸福度そのものに焦点を当ててみよう。

B・S・フライは幸福度の主観的指標の一つである「仕事に対する満足度」について、ドイツ、イギリス、スイスのパネル調査データを用いて自営業と雇用労働者で比較した。その結果、三か国とも自営業者のほうが雇用労働者より満足度が高いという結果が得られた。そして満足度が高いのは、独立して行動できる可能性そのものに価値があるからだということも判明した。（注23）

つぎに国内の研究を紹介したい。

慶應義塾大学前野隆司研究室とパーソル総合研究所が二〇二〇年に発表した「はたらく人の幸福学プロジェクト」の結果によると、働く人に幸せをもたらす因子の一つとして「自己裁量因子」（仕事で自分の考えや意見を述べることができ、自分の意志やペースで計画・遂行することができている状態）があがっている。

そして「はたらく幸せ実感」と「はたらく不幸せ実感」を就業形態別に調べたとこ

ろ、自由業（フリーランス）、自営業、それに医師・弁護士・会計士等の専門家は正社員に比べて「はたらく幸せ実感」が高く、「はたらく不幸せ実感」が低いという結果が出た。企業に雇用される「自営型社員」といえども一般の社員よりも自己裁量の余地が大きいことを考えれば、就業形態を問わず自営型の働き方では幸福度も高くなることを示唆しているといえよう。

また、すでに述べたとおり一般に自営型ではテレワークを利用しやすいが、在宅勤務の利用とウェルビーイング、具体的には睡眠の質、エンゲージメント、仕事のやりがい、精神的健康との間に正の相関関係があることを示す研究も存在する。（注24）

これらの研究結果は、フリーランスのエンゲージメントは正社員に比べて高いことを明らかにした石山（注25）の研究とも符合する。

自営型の働き方では、個人の能力発揮やモチベーションの向上によって生産性が上がるのみならず、働く人のウェルビーイングを高めることにもつながるわけである。「主要七か国のなかで最も幸福度が低い国」の汚名返上に、自営型が一役買うことになるだろう。

（注1）中村雄二郎『臨床の知とは何か』岩波書店、一九九二年
（注2）同右、一七〇頁
（注3）同右、一七一頁
（注4）野中・竹内、前掲、一九九六年、三一二頁
（注5）M・D・ソートイ〈冨永星訳〉『レンブラントの身震い』新潮社、二〇二〇年
（注6）野中・竹内 前掲、一九九六年
（注7）É・デュルケーム〈田原音和訳〉『社会分業論』青木書店、一九七一年
（注8）NHK「プロジェクトX」制作班編『プロジェクトX挑戦者たち（4）』NHK出版、二〇〇一年
（注9）石山恒貴「雇用によらない働き方におけるワーク・エンゲイジメントの規定要因 ―雇用者とフリーランスの比較分析」労働政策研究・研修機構『日本労働研究雑誌』第六三巻第一号、二〇二一年
（注10）E・L・デシ〈安藤延男・石田梅男訳〉『内発的動機づけ―実験社会心理学的アプローチ』誠信書房、一九八〇年、二五頁
（注11）J. R. Hackman and G. R. Oldham, "Motivation through the Design of Work: Test of a Theory," *Organizational Behavior and Human Performance*, 16, pp. 250-279, 1976
（注12）細見正樹「テレワーク下のジョブ・クラフティング ―在宅勤務の利用頻度はどのジョブ・クラフティングを高めるか」高尾義明・森永雄太編著『ジョブ・クラフティング ―仕事の自律的再創造に向けた理論的・実践的アプローチ』白桃書房、二〇二三年、第九章
（注13）Porter, L. W. and E. E. Lawler, Ⅲ, *Managerial attitudes and Performance*, Richard D. Irwin, 1968)
（注14）太田肇『日本人の承認欲求 ―テレワークがさらした深層』新潮社、二〇二二年（a）
（注15）太田肇『承認とモチベーション ―実証されたその効果』同文館出版、二〇一一年
（注16）釘原直樹『人はなぜ集団になると怠けるのか ―「社会的手抜き」の心理学』中央公論新社、二〇一三年、八〇～八三頁
（注17）同右、一九八頁
（注18）前掲『プロジェクトX 挑戦者たち（4）』一三五頁
（注19）小池 前掲、一九九四年、一八八～一九一頁
（注20）宮本常一『忘れられた日本人』岩波書店、一九八四年
（注21）奥林康司『労働の人間化 ―その世界的動向』（増補版）有斐閣、一九九一年、一六二～一六八頁
（注22）森清『仕事術』岩波書店、一九九九年

（注23）B・S・フライ〈白石小百合訳〉『幸福度をはかる経済学』NTT出版、二〇一二年、第七章
（注24）滝澤美帆・鶴光太郎・山本勲「日経スマートワーク経営研究会報告2022 ―ポストコロナ時代を見据えた人材活用・活性化戦略とは」
（注25）石山 前掲、二〇二一年

第七章

〝ジャパンアズナンバーワン〟の復活へ

01

「後発者の優位」を生かす

見えてきた「新・日本的経営」の姿

日本が一九七〇年代に高度経済成長を終え、安定成長に入ったころ、多くの日本人を勇気づける一冊の本が上梓された。アメリカの社会学者、E・F・ヴォーゲルによる大ベストセラー『ジャパンアズナンバーワン(注1)』である。

日本社会、日本経済の構造を研究した著者は、成功の要因として大企業に見られるつぎのような特徴をあげている。

一つは終身雇用、年功序列制、数年ごとに配転されるローテーション人事、集団主義、協調性重視などであり、日本的経営論の定番ともいえるラインアップだ。そして生涯にわたって社会的地位を保障することが急激な変化を吸収し、多くの人に存在価値を与えてきたという。

　ところがいっぽうで彼は、日本企業では地位と仕事が切り離されているところにも注目している。「肩書きに応じて仕事を分担するのではなく、むしろ個人の能力に応じて分担される。だから課の仕事の出来ばえに関して責任をもつ課長は、有能な部下に重要な仕事をまわす」[注2]。

　これは、いまでも多くの日本企業に見られるマネジメントの姿だ。アメリカ企業の制度に立脚したフォーマル（公式）な実力主義に対し、制度の縛りを超えたインフォーマル（非公式）な実力主義であり、私はそれを「草の根的実力主義」と呼んでいる[注3]。本書の文脈に照らせば、それはアナログ的な能力活用であり、「知的熟練」や「知識創造」などとも通じる部分である。集団主義や年功による序列といった共同体型組織の弱点を、「草の根的実力主義」で補ってきたといえるだろう。

　すなわち今日的視点から評価するなら、日本的経営のなかには日本企業の「強み」と「弱み」が同居していることを意味する。異なる動物の頭と体を持つギリシャ神話の「キメラ」的構造なのだ。

「弱み」を「強み」で補完する構造は一見すると合理的なようだが、そこには仕事に見合った地位や報酬が与えられていないという、経済原則に照らせば明らかな不合理がある。また個人の活躍の機会やキャリアの形成を、共同体型組織のなかに閉じ込めてしまった不条理もある。意識調査に表れた「何もしないほうが得」という日本人の〈超〉消極的な姿勢（第一章）は、そのゆがみを反映したものといえよう。

ＩＴ化やグローバル化によって、より高いレベルの能力と意欲が求められる時代に入り、共同体型組織を残したまま、いくら現場の運用で対処しようとしても限界があることがようやくわかってきたのだ。

だからといって、欧米に追随して闇雲にジョブ型を取り入れようとするのでは、隠れた強みを捨てることにつながる。それでは、いつまでたっても欧米の後塵を拝し続けなければならない。

すでに述べたとおりグローバル化が定着し、ＩＴ、ＡＩがさらに進化するこれからの時代にはメンバーシップ型やジョブ型ではなく、自営型こそ最も適した働き方である。強調しておくべきポイントは、ＩＴの活用によって個人の仕事の守備範囲が広がったこと、それによって従来は集団で行っていた仕事も一人でこなせるようになったことだ。その結果、発揮される個人の能力やモチベーションも大きく変化することを忘れてはならない。

したがって日本的経営、日本企業の現場に存在するアナログ的な知恵や能力、それに伝統工芸や日本文化に表れているような豊かな感性、細かい気遣いなどは、自営型の高い自律性と自発的なモチベーションによって余すところなく発揮される。しかもアナログ的なゆえ、その本質を容易にとらえられず、他国や他の文化圏から模倣されにくいという強みもある。伝統芸能や伝統工芸が容易にまねされないのと同じだ。

そして自営型で働く人たちが旧来の枠組みを超えて有機的に連帯すれば、前章でスポーツを例にとって説明したような高次元のチームワークが実現できるはずだ。共同体型組織という古い衣を脱ぎ捨て、ＩＴの鎧《よろい》を身にまとった日本人が活躍する姿がそこに思い浮かぶ。

自営型で働く社員とフリーランスが入り交じって緩やかに連結するスタイルこそ日本的経営の発展形、すなわち「新・日本的経営」のイメージである。

いまこそ「蛙跳び」のチャンス

大事なのは日本の「強み」と「弱み」を峻別し、強みを生かすこと。すでに述べたように特定の環境に対して適応するほど、新たな環境への適応が難しくなる。古い制度の枠組みや価値観、既得権などが邪魔をするからである。幸いにしてわが国にはジョブ型という「旧式」モデルが浸透していない。しかも、後述するようにメンバーシップ型と自営型は、比較的親和性があるので、自営型という新しいモデルを取り入れやすい。それだけ欧米に対してアドバンテージを持つことになる。

経済学者の野口悠紀雄は、遅れていた国が急速に躍進し逆転する現象を「リープフロッグ」（蛙跳び）と呼ぶ。（注4）

「リープフロッグ」の例としてあげられている代表的な国が中国である。ガソリン車があまり普及していなかったので、ガソリンスタンドなどの社会的インフラや組み立てに携わる熟練労働者が比較的多くない。そのため政府はＥＶ（電気自動車）を普及させやすい。

逆の例が日本であり、大型コンピュータの時代に大企業は自社内に閉じた情報システムを構築したことがあだとなって、インターネットというオープンなシステムの導入が遅れた。また日本でeコマースが成長しないのは、実店舗が整備されているからだという。

要するにリープフロッグの論理からすると、ジョブ型雇用が浸透していない日本は、その有利さを生かせばよいわけである。

ところで野口は、もう一つ重要な指摘を行っている。それはキャッチアップとリープフロッグの違いである。後発国は先進国のまねをすればよいので比較的短期間で経済成長できる。それがキャッチアップだ。しかし先進国に追いつくことはできても、それだけでは追い越せない。先進国を飛び越えて先に行くリープフロッグが起きるには、技術の導入に社会的制度が対応する必要があるという(注5)。

したがって自営型でリープフロッグを遂げ、「ジャパンアズナンバーワン」の地位を得るためには、文化的・社会的に有利な条件と政策の後押しが必要になる。

日本には自営型が広がる土壌あり

このうち文化的・社会的な条件については、ここでも幸いにして日本には自営型が広がる土壌がある。

わが国はもともと農業国であり、自営業や職人の文化が残っている。就業人口も総務省のデータによると、一九五八年までは自営業主と家族従事者の合計が雇用者（雇用労働者）を上回っていた。高度経済成長期までは農業をはじめとする自営業が多数派だったのだ。現在でも地方に行けば農家や商店主などが多く、地域社会や生活基盤などのインフラも自営業者を前提に形成されているところがある。

自営型を支える思想的なバックボーンもある。たとえば、かつて日本の代表的価値観だった立身出世主義は、今日のように組織のなかで昇進することよりも、事業で成功したり政治家として活躍したりすることで「身を立て、名をあげる」のを称揚していたと解釈される。経営の神様といわれる松下幸之助が説いた「社員稼業」という言葉も、社員に対し自主独立の精神を持てという意味である。それだけ自営型の働き方と親和性が高いといえよう。

つぎに、組織のなかに目を移そう。

日本企業は仕事が属人化していると批判されることが多い。ヴォーゲルも指摘したように地位や役職とは関係なく有能な人には大きな仕事が与えられることがあるし、一人ひとりが自分流のやり方で仕事をする傾向がある。そのため当人が休んだり、辞めたりしたときに代わりがきかない。また職務で契約する欧米企業の場合、現場の非管理職は査定によって給与に差がつくことはないが、日本企業では非管理職も査定により給与や賞与に多少の差がつけられる。

このように日本企業は、一面において仕事も報酬も柔軟で、言い換えれば融通無碍なのである。その点でもジョブ型より、自営型のほうがなじみやすいはずだ。端的に表現すれば、ジョブ型は「職務に人が就く」。いっぽうメンバーシップ型は「人に仕事が割り当てられる」。それに対し自営型は「人が仕事を受け持つ」あるいは「人が仕事をつくる」といったイメージである。

そのため会社側の方針と本人の意思を擦り合わせたうえで、仕事の範囲を伸縮させられる。突出した能力を持つスーパー社員には、特別に大きな仕事を任せることもできる。第四章で紹介した「スタンレー電気いわき製作所の高橋さん」などはそのよい例だ。なお報酬を仕事内容や成果とリンクさせるかどうかは制度運用上の問題であり、状況に合わせて決めればよい。

また場合によっては業務内容を変えることも可能だ。ジョブ型が職務を軸にしたキャリア形成を前提としているのに対し、自営型にとってそれは絶対条件でないからである（職種にもよるが）。したがってジョブ型雇用の硬直性に拒否反応を示す経営者にも、自営型なら受け入れられやすいはずだ。

さらに日本企業におけるキャリア形成の特徴であるゼネラリスト主義や、小池和男のいう「幅広い専門性」の育成も、柔軟性に欠けるジョブ型より、伸縮性のある自営型になじみやすいと考えられる。

比喩的にいうならメンバーシップ型とジョブ型は水と油のように異質で、互いに相容れないが、メンバーシップ型と自営型は水と氷くらいのものではないか。たとえば処遇体系を根本的に変えなくても、一人ひとりにまとまった仕事を任せるだけでも「氷水」くらいには自営型へ近づく。実際、第四章で紹介した「自営型社員」のなかには、メンバーシップ型雇用の枠組みのなかで働いている人も少なくない。たとえ自営型の強みを一〇〇％は発揮できなくても、従来のシステムのなかで活用することは可能なのである。ただし、生産性が大幅に向上したにもかかわらず処遇に反映されない場合は、いわゆる「やりがい搾取」の批判を浴びたり、長期的にモチベーションが低下したりするリスクを負うことは覚悟しなければならない。

それでも自営型は、メンバーシップ型ほど組織に束縛されているわけではない。いざとなれば、その個人特殊的能力を売りに転職や独立の道を選ぶことができる。A・O・ハーシュマン（注6）の理論を援用するなら、「退出」という選択肢があるので企業に対して交渉力を持っているわけである。「融通無碍」さが一方的な個人の犠牲をもたらさないよう、一定の歯止めがかけられているといえよう。

日本の閉ざされた組織とアナログ社会は、一九九〇年代以降の世界的なデジタル化に適応できず「敗北」を喫した。しかしデジタル化がさらに進み、AIが人間の仕事につぎつぎと取って代わるようになった結果、逆に日本のアナログ性を生かせるようになってきた。デジタル化で消え去った「ジャパンアズナンバーワン」は、デジタル化のさらなる進化で復活するチャンスを迎えているのだ。それは、働くことの原点回帰ともいえる。

02 「社内」最適から「社会」最適へ

メンバーシップ型がもたらす社会的格差

日本企業はアナログ的な強みを生かし、メンバーシップ型の働き方を自営型に昇華させることが期待される。同時に、共同体型組織をインフラ型組織へ変えていくべきだ。このように述べてきた。

それは個別企業の課題にとどまらず、社会全体の課題でもある。なぜなら、そこにはつぎのような理由があるからだ。

これまでわが国の雇用政策は、（正）社員の雇用保障を最優先してきた。司法もまたいわゆる「解雇権濫用の法理」を持ち出し、彼らに法律の規定を超える厚い雇用保障を認めてきた。雇用保障だけではない。企業は社員の和と序列を重んじ、社員の処遇に大きな格差が生じないように努めてきた。

それは企業という共同体と構成員の利益を尊重する一種の共同体主義に基づいており、一見すると社会的正義にかなった崇高な理念のようである。しかし視野を社会全体にまで広げてみたら、はたしてどうなるか？

そこに大きな矛盾が横たわっていることに気づくはずだ。メンバーの利益を重視する共同体主義は、必然的に共同体の内外に壁をつくり、外に目を閉ざすことになる。結果として、共同体の内外でしばしば理不尽な格差をもたらす。

たとえば大企業の社員としてメンバーシップを手に入れた人は、仕事の能力や貢献度が多少低くても雇用とそれなりの待遇が保障される。いっぽう、かりに能力や貢献度が優れていても中小企業の社員、それに大企業でも非正規従業員は雇用が不安定で、給与も低いのが普通だ。視野を広げれば、このような格差は「同一労働・同一賃金」の原則に反することになる。しかし、わが国の企業別労働組合はこのような問題には目を閉ざしてきた。

それはまた、働き方を選択する余地の格差にもつながる。大企業の社員として働く人のなかには、マイペースで安定した職業生活を送りたいという人が少なくない。いや、むしろ多数派だろう。しかし中小零細企業の社員や非正規従業員の目には、組織によって庇護された人だけがそれを許されるのは社会的に不公平だと映るに違いない。

しかも正社員の厚い雇用保障は、非正規従業員の犠牲のうえに成り立っているという面も見過ごせない。なぜなら企業は景気変動や事業転換などにともなう労働力需要の変化に対応しなければならないが、それを正社員の時間外労働とともに非正規従業員の雇用調整で乗り切ってきたからだ。非正規従業員は一種の雇用調節弁、言い換えれば正社員を守るバッファの役割を果たしてきたわけである。

世界的な水準に照らしても、わが国は主要国のなかで正社員の雇用保障がとくに厚く、逆に非正規従業員の雇用保障が薄いことで知られている。にもかかわらず、このようなダブルスタンダードが社会的に黙認されてきた背景には、一家の主である夫が働いて専業主婦の妻や子を扶養するという、古い標準家庭像がある。つまり学生アルバイトや主婦のパートタイマーなど、非正規従業員は家計を補完する労働力としか想定されてこなかったのだ。

しかし専業主婦の比率が低下し、非正規従業員として家計を支える人も増えてきた現在、雇用保障や待遇の極端な格差は社会的な正当性を失いつつある。

さらにIT化、グローバル化によって組織や地域、国などの境界を超えた競争が否応なしに繰り広げられ、人材がボーダレスに移動するようになった今日、共同体型組織だけでなく、国や地域のなかだけで安定や平等を図ろうとする社会的な共同体主義もまた見直しが迫られる。

自営型で全体最適化が可能に

めざすべき方向は、共同体のなかでの最適化ではなく社会全体、さらに世界全体を視野に入れた最適化である。すなわち所属する組織や就業形態とは関係なく、社会全体のなかで適材適所と収入の公平性が図られなければならなくなる。社会政策の理念としては、組織が人材を選別し囲い込んで処遇するという「選別の論理」から、一人ひとりが社会や市場のニーズに適応し、適応の度合いに応じて有形無形の報酬を受け取るという「適応の論理」へのパラダイム転換である。[注7] いうまでもなく、それは後述するようにセーフティネットの張り直しと併せて進めなければならないが。

働き方の面で、それはメンバーシップ型雇用の見直しを意味する。その点、ジョブ型雇用は企業横断的に報酬が決まり「同一労働・同一賃金」の理念に合致しやすい。しかし第二章で述べたようにジョブ型は日本の社会構造に合わないうえ、環境変化に適応する柔軟性に欠け、新たな時代の要請にも応えられないという大きな欠点がある。

いっぽうメンバーシップ型やジョブ型とは性格が異なる、自営型の働き方が広がるとどうなるか？

自営型の働き方は、メンバーシップ型やジョブ型ほど組織による制約を受けないので、企業や地域、国などの境界にとらわれず移動できる。そのため社会全体のなかでの「適材適所」が実現しやすい。

ただ自営型はメンバーシップ型と違って個人の分担と責任範囲が明確なので、雇用される場合（自営型社員）でも社員の処遇に差が広がる可能性がある。業務委託など雇用以外の場合はいっそう社員との間で、また個人間で差がつきやすい。それは共同体内部での平等主義に反するかもしれない。しかし、そこで生じる格差は共同体のメンバーであるか否か、あるいは評価者の主観や裁量が入る不透明な評価による格差などとは異質なものである。

つまり社会全体で見れば、逆に所属や就業形態の違いによる、ある意味で理不尽な格差を解消する方向に作用する。少なくとも社会的な公平性は促進されるわけである。

要するに、ＩＴ化とグローバル化がいっそう進化する時代を見据えた場合、自営型は社会政策的にも理にかなった働き方だといえるだろう。

03 「自営型社会」のモデルは足下に

キーワードは「オープン」と「フラット」

では、そもそも自営型の働き方が広がるこれからの社会はどうあるべきか。まず、大きな話から始めよう。

キーワードは「オープン」と「フラット」である。「オープン」については前節で述べたので、ここでは「フラット」について説明したい。

第三章で述べたように、公式組織の原型ともいえる機械的組織は階層構造をなしている。いっぽう有機的組織は本来、フラットなはずである。少なくとも原理的にはそうである。しかし有機的組織に近いとされる日本のさまざまな組織を見ればわかるように、そこでは陰になり日向になり縦の序列が支配している。社会もその相似形であり、とくに日本社会は中根千枝の「タテ社会」(注8)論が広く膾炙されたことが物語っているように、分野や領域を問わず縦の関係が存在するといってよい。

要するにメンバーシップ型にしてもジョブ型にしても、階層型の組織のなかに組み入れられているため、基本的には「オープン」でないと同時に「フラット」でもないのである。

ところが、ＩＴの世界は基本的にフラットであり、調整も取引も対等な関係で成り立つ。権限に基づいた縦の調整機能が大幅に必要なくなったということも一因だ。企業をはじめ働く場において、フラットでオープンな「インフラ型組織」が世界的に広がりを見せていることは、すでに紹介したとおりである。それは働き方の変化とパラレルに進行する関係にある。雇用と自営との境界が曖昧になり、いわば地続きになりつつある今日、個人を囲い込まず、仕事の場を提供するという「インフラ型組織」への移行は自然な潮流だといえよう。

一般社会も同じだ。企業どうし、あるいは企業と自営業者との取引関係、企業と顧客との関係も上下関係が色濃いわが国特有のスタイルから、対等を原則にした関係へ徐々にシフトしていくことは間違いない。

ところでフラットな社会というと、なかには社会主義や共産主義を連想する人がいるかもしれない。もちろんフラット化は社会主義化、共産主義化を意味しているわけではない。ある意味では、むしろ逆である。すでに述べたように自営型では金銭的報酬も、社会的な地位や名声も実力次第で「青天井」に獲得できるようになる。

では究極の新自由主義を意味するのかというと、これまたそうではない。周知のように新自由主義のもとでは、資本の論理によって企業の巨大化や利益の極大化が進む。そこでは自由を謳歌する一握りの人々が誕生するいっぽうで、組織の圧力や管理によって自由や権利を制約される多くの人が現れる。さらに組織のなかはいっそうゼロサムなので、弱肉強食は避けられない。

つまり純然たる新自由主義のもとでは、強者の自由と弱者の自由とが必然的にトレードオフ（二律背反）の関係になる。だからこそ、わが国では新自由主義は激しい批判を浴びるのである。

それに対し、自営型が広がるフラットな社会では、一人ひとりの個性を発揮しながら自分の人生を切り開いていける。理屈のうえでは「一億総活躍」も可能なのだ。そう考えたら、自営型ではエンゲージメントや幸福度が高くなる（第六章）のは納得がいくだろう。

すでに紹介したとおり二〇二二年ウェブ調査では、「失敗のリスクを冒してまでチャレンジしないほうが得」だと回答した人がほぼ三分の二（六五・五％）を占めていた。(注9)

共同体型組織・社会の束縛から脱却し、社会全体の活力を取り戻すためにも、自営型社会への移行が有効だと考えられる。

そこでは個人の自由が最大限尊重されるものの、資本の論理や組織の力を利用する自由には一定の制限が課される。たとえば累進課税などによる富の再分配は必要だし、組織に所属するか否かにかかわらず公平に恩恵を受けるセーフティネットも整備する必要がある。長期的には、ベーシックインカムの導入なども真剣に議論するべきときがくるかもしれない。

要するに自営型の働き方が普及するのと並行して、社会的インフラの再設計が必要になるわけである。

変わる「能力」の価値

社会的インフラの再設計のなかには、教育システムのつくり直しも含まれる。目標は、フラットな社会で活躍できる能力の育成である。

自営型社会を生き抜くうえでコアになるのは前章で述べた「統合された知」、そして丸ごとの「人間力」である。同じ専門性でもジョブのような機械的切り口ではなく、まとまった仕事をこなせる能力であり、課題志向、ミッション志向の専門性といえよう。

加えて、もう一つ大切な能力がある。それは「対人能力」である。第三章の図3―1で示したように、メンバーシップ型（共同体型組織）やジョブ型（機械的組織）では、個人はあくまでも組織の一員として行動する。環境適応の主体は組織である。それに対し自営型は、個人が市場や顧客と直接対峙する。

また組織のなかでも、メンバーシップ型やジョブ型では仕事上の人間関係が制度に組み込まれている。そして仕事を行ううえでは基本的に上下関係が支配している。それに対して自営型では、対等に近い立場で自ら人間関係を築き、コミュニケーションをとらなければ仕事ができない。したがってメンバーシップ型やジョブ型と違って「組織任せ」にすることができず、主体的に他人と関係をつくり、交渉していく能力が重要なのである。ちなみに総合人事・人財サービスを展開するアデコが二〇二一年に現役のフリーランス三〇〇人を対象として行った調査では、フリーランスとして働くうえで必要な能力について聞いているが、回答は「コミュニケーション能力」が五〇・七％（複数選択）でトップになっている。

以上のような能力を育成するには、教育の中身も、教育機関の役割も根本的にあらためる必要がある。

まず教育の中身については、従来のように知識を学ばせたり、正解の決まっている問題を効率的に解く能力を身につけさせたりするのではなく、課題学習や起業教育、あるいはボランティア活動などによって「人間力」と「対人能力」を鍛えることが大切になる。ただ狭い意味での「教育」だけでは十分といえない。環境が変わらなければ学ぶ意欲は起きず、たとえ学んでも効果が定着しないからだ。したがって主体的に行動することがプラスになるような仕組みをつくり、実際に体験して「学習」させることが大切である。

大学も「学びのインフラ」へ

つぎに教育機関の役割について考えてみたい。

教育内容が変わると教育機関の役割も変わってくる。とくに大きく見直すべきなのは大学の役割である。現状では大学入試を最終目標にして高校以下の教育も設計されているからだ。

現在の大学入試で問われる能力は、すでに大半がＡＩによって代替可能である。そして少なくとも技術的には、インターネットで世界中の大学の講義をだれでも視聴することができるようになった。それを社会的な視点からとらえるなら、大学入試そのものの必要性が薄れていることを意味する。また出口においても、能力のシグナルとしての「卒業」の価値は乏しくなっている。大学改革の議論のなかでしばしば聞かれる、「大学は学生の品質保証をして世の中に送り出すことが使命である」といった言明は、人をモノと同一視した工業社会的な発想であるといわざるをえない。

そもそも高等教育は何らかの目標や目的を持つ者に提供するべきものであり（異論もあるが）、目的意識が乏しい段階でとりあえず学ばせるという現状は本末転倒である。とりわけ組織の論理から脱却した自営型社会においては、だれでも好きなときに、好きな大学の、好きな授業を受けられることが望ましい。したがって大学も「学ぶためのインフラ」と位置づけるべきだろう。

哲学者であり思想家でもあるI・イリッチはいまから約半世紀前、「最も根本的に学校にとって代わるものは、一人一人に、現在自分が関心をもっている事柄について、同じ関心からそれについての学習意欲をもっている他の人々と共同で考えるための機会を、平等に与えるようなサービス網といったものであろう（注10）」と述べている。約半世紀の時を経て、ＩＴの進化で組織の絶対性が薄れようとしているいま、イリッチの描いた学校の理想像が現実味を帯びてきたといえよう。

自営型社会のモデルはどこに？

では、そもそも自営型で働く人たちが主流を占めるような社会のモデルは、現実世界のなかでどこに見出すことができるだろうか？

世界を見渡すとシリコンバレーに象徴されるように、フリーランスが形成するネットワークは主に欧米で広がっている。とりわけIT系、デザイン系などはフリーランスが主導権を握りつつあるといっても過言ではない。

また自営業者が多くフラットな社会といえば、北欧諸国をイメージする人が少なくないだろう。たしかにスウェーデン、ノルウェー、デンマークといった国々は幸福度も常に世界のトップクラスを独占していて、しばしば羨望の眼差しが向けられる。

そのなかの一つ、デンマークに注目してみよう。デンマークは公的教育が無償化されていることをはじめ、医療サービスや失業給付なども充実しており、「高福祉・高負担」の国として知られている。特徴的なのは制度の枠組みによって国民の生活が手厚く保護されているいっぽう、社会的枠組みのなかでは自己責任が徹底されており、競争もある。ただし「食うか食われるか」のゼロサム型の競争ではない。背景には労働市場を通した柔軟な人の移動によって生活の安全を保障するという、「フレキシキュリティ」（フレキシビリティとセキュリティを組み合わせた造語）の考え方がある。

学校教育でも個性を伸ばすことが重視され、人々の独立志向が強い。人口が日本の二〇分の一程度に過ぎないにもかかわらず、ノーベル賞受賞者を多数輩出しているところにもその影響が表れているようだ。また、IBM傘下の人材管理サービス会社ケネクサのレポート（注11）によると日本人正社員のエンゲージメントが二八か国のなかで最下位なのに対し、デンマーク人のエンゲージメントは二位と高い。一人当たりのGDPを見ても、OECD加盟三八か国のなかで日本が二四位、デンマークは六位と差がある。（注12）

日本とデンマークとの間には人口規模や天然資源の豊かさなどに違いはあるが、厚いセーフティネットに支えられながら、開かれたフィールドで個人の力を存分に発揮して繁栄と幸福を手に入れるという、自営型社会の一モデルがそこにあるといえよう。

実はフラットで自由な農村社会

しかし足下に目を向けると、実はわが国に自営型社会のルーツがあることがわかる。日本国内でも地方に行けば、いまでも農業や家内工業、商店といった生業を営んでいる人が多いうえに、近年は都会からUターン、Iターンをして、大都市の企業とつながりを持ちながらビジネスを始める人も目立つようになってきた。徳島県神山町のように、町おこしの一環として起業家やアーティストをたくさん呼び込んでいる地域もある。

いっぽうでは大工や左官などの職人が、地元企業で雇用されて働く例も増えている。自営型中心のフラットな社会という点において、日本の地方は日本の都市部よりむしろシリコンバレーや北欧社会などに近いという見方もできよう。

またシリコンバレーではフリーランスで複数の仕事をこなす「複業」者が多いが、この点についてもわが国には源流がある。高度経済成長期まで多数派だったかつての農家では、養蚕《ようさん》や牛、鶏といった家畜の飼育など複数の自営業で生計を立てるのが普通だった。

リスクの分散が自営化の促進要因だとしたら、複業のほかにも地方には有利な点がある。地方では不動産の価格が比較的安いことや先祖代々の土地・家屋を受け継いでいることが理由で、土地や家屋を所有している人が多い。そのうえ昔から共働きが普通なので、失業のリスクを恐れず起業などにチャレンジしやすいという利点がある。

このように「自営型社会」のモデルは海外だけでなく、私たちの身近なところにも存在するのである。

つぎに文化的な面に注目してみよう。

日本の農村については、ある種の固定観念が存在する。日本社会そのものに、もともと閉鎖的な性格が強いうえに、同じ日本でも大都市と違って地方、とりわけ農村地域というと「村八分」に象徴される閉鎖的で排他的な社会をイメージしやすい。「イエ」と並んで「ムラ」が閉鎖的な日本の組織・社会の代名詞として、しばしば持ち出されるのはよく知られるところだ。

しかし、それは日本の農村社会を極度に単純化したイメージであり、必ずしも現実を正しくとらえていない。

農村社会学の分野において今日でもしばしば援用されるのが、戦後間もない時期に上梓された福武直の著作である。福武はかつて日本の農村社会を調査し、本家・分家、地主・小作という主従関係が色濃い東北型の農村に対し、西南型では上下の主従関係はほとんどなく、講組を中心とする対等な構造になっていることを明らかにした。(注13)

福武は岡山の農村で育った少年時代の体験に照らして、縦型の農村観に違和感を覚えたことが調査の動機だったと記している。(注14)ちなみに私も福武と同じ西日本(兵庫県)の農村で生まれ育ち、現在まで多少なりとも関わりを持っているが、縦型の要素は乏しく対等な横型社会であることを実感している。そして宮本常一もまた前掲書のなかで、西日本の村々では村人の間に主従関係がないことを指摘している。

脱農と過疎化が進んだ現代は農村社会もいちだんとフラットになり、多くの地域において「出る杭は打たれる」風土はいっそう希薄になっているといえよう。

めざすべきは「インフラ」としての地域づくり

ただ、いっぽうでは社会の変化にともない新たな問題も浮上している。

せっかく都会から移住してきた人たちが短期間のうちに地方での生活をあきらめ、都会に帰っていく現象が各地で起きているのだ。地域のさまざまな役員や役務の負担が想像していた以上に重く、仕事に支障が出るとか、自由な時間を持てないというのが主な理由である。同様の理由から都市に転出していく地元出身の若者も少なくない。

そこにもやはり企業組織の相似形といえる問題の構図が見て取れる。すでに述べたように日本企業の伝統的な共同体型組織は、IT化やグローバル化という大きな潮流に適応できず、コロナ禍で弱点を露呈した。地方もまた外からの移住者や、地域を拠点にしながらも離れた都市と交流しながら働いたり、生活したりする人が増えている。その結果、地域にドップリつかって定住するライフスタイルを前提にした共同体の不都合な面が露呈されるようになったのである。

もちろん、それは農村や地方にかぎられた問題ではない。都市の町内会なども同じ問題に直面している。これまで日本企業特有の閉鎖的な共同体型組織で働いてきた人たちが、かりにそこから解放されても、受け皿となる地域が旧態依然とした共同体の論理で彼らを吸収したのでは意味がない。

めざすべき改革の方向はここでも「インフラ」化、すなわち主に自営型で働き、生活する人たちに、働きやすく暮らしやすい場を提供することをめざすべきだろう。

農村部でも地域によっては役務の簡素化、負担の軽減などに取り組んでいるところがある。ただし、それは必要条件であっても十分条件ではない。

さらに一歩進んで移住してきた人たちと地元の同業者たち、あるいは業種を超えてさまざまな新旧の自営業者が集まる、仕事がらみのコミュニティが形成されている地域も多い。行政もまた外部からの移住を促進するだけでなく、親睦の場を設けたり悩み相談を行ったりするなど、コミュニティへの参加を側面から支援するところが増えている。

注目すべき点は、そこで親睦を図り社会的欲求を満たすだけでなく、コミュニティが仕事を核にしてメンバーどうしが互いに認め合い、承認欲求を満たす場にもなっていることである。都会でも起業家や自営業者、フリーランスの人たちは定期的に交流の場を開いており、そこから新たなビジネスが生まれるケースが少なくない。

また近年急増しているコワーキングスペースのなかには、専任のスタッフを置いて会員どうしの交流を促進するとともに、ビジネスに結びつけるためのマッチング機能を果たしているところもある。ちなみに私はそれを〝C＆C〟(community and collaboration) と呼んでいる。かつての地域社会がそうだったように、「働く場」であると同時に欲求を「満たす場」でもあることが求められているのである。それがオープンで、かつ自発的に参加するコミュニティだというところをあらためて強調しておきたい。

以上、自営型社会の一モデルとして日本の地方に焦点を当ててきたが、自営型社会は特定の地域や価値観の上にしか成り立たないものではない。生き馬の目を抜くようなビジネスの世界で、大企業とスタートアップやフリーランスが混在するようなスタイルもあれば、町おこしや社会的起業、スローライフを目的としたものもありうる。要は、どこでどのような目的を持ち、どんな就業形態をとるにせよ、自営型で働く人が大きなウエイトを占めるような社会が展望できるわけである。

近未来のシナリオ――自営型はどう広がるか

最後に今後、自営型の働き方が日本社会にどう浸透するかを占ってみよう。

まず日本企業の九九・七％を占める中小企業についていえば、業種による差はあるものの、自営型が広く普及していくのではなかろうか。

前述の「二〇二二年ウェブ調査」では「一定の年齢（四五歳前後）や経験を積んだ社員（職員）が独立することを視野に入れた人事制度を取り入れること」について、中小企業経営者の六七・一％が「賛成」または「どちらかといえば賛成」と回答した。

また第四章で紹介したように、自営型を取り入れられる可能性が高いと答えた中小企業が三三・八％とほぼ三分の一を占めている。自営型という言葉にもなじみが薄いことを考えれば、この数字は予想以上に大きい。そこへ自営型の強みや、自営型が中小企業には適合性が高いことを理解させれば、導入が急速に進む可能性がある。とりわけ慢性的な人材不足に悩む多くの中小企業にとって、まとまった仕事を一人で受け持つ自営型は魅力的な選択肢に映るはずだ。
問題は大企業や中堅企業であるが、そこにはつぎのような三つのシナリオが描ける。

［シナリオ1］雇用から独立自営への切り替えが進む。

企業が職種や仕事内容、それに本人の能力や意向を踏まえ、徐々に雇用から業務委託や請負などに切り替えていく。

第三章で紹介したように、「専門的業務に対応するため」あるいは「即戦力・能力のある人材を確保するため」に業務委託を活用する企業が多い。また企業が新規事業を早期に立ち上げるために、フリーランスを活用する動きも広がっている。(注15) IT化や仕事の専門化、経営環境の変化は今後ますます加速することが予想されるため、専門性や柔軟性の面で雇用より有利な点が多いフリーランスへの移行が進む可能性が高い。

いっぽうでは、すでに成立した「フリーランス保護法」をはじめ独立自営で働く条件も整いつつあり、個人の側からも独立自営化に拍車が掛かるだろう。

さらに企業の活力向上や社員の新陳代謝を図るため、将来的に独立・起業することを想定したうえで雇用し、一定の年齢に達したら原則として独立させるというパターンも定着する可能性がある。年功序列制や定年制を見直す気運の高まりも追い風となるだろう。

とりわけ注目されるのは、事業主に七〇歳までの就業機会確保を努力義務として課した高年齢者雇用安定法（二〇二一年施行）の影響である。就業機会確保のなかには、フリーランスへの業務委託確保などの選択肢も含まれている。長年の職業生活で培われてきた勘や熟練、対人能力、それに物事を俯瞰し統合する能力などが生かせる点でも、またゆとりある生活と両立させながら自分のペースで働ける点でも、シニアには独立自営が適している。しかも意欲と能力さえあれば、年齢に関係なく働ける。そのため、「七〇歳定年」の浸透と並行して、さらにそれを弾みにして、シニアのフリーランスが増加していくのではなかろうか。

［シナリオ2］副業から独立自営というパターンが一般化する。

テレワークの普及、それに政府や財界の後押しも受けて副業を認める企業が増えている。副業のなかでも他社で雇用されるより自営として働くほうが企業側の抵抗は小さいし、クラウドソーシングなどを活用して副業者に仕事を発注する企業も増加している。いっぽう副業者自身のなかには自営で自己実現したいという人が多く、副業マッチングサイトの普及は、自営で働くことの心理的・社会的ハードルを低くしている。

そして、とりあえず副業で自営として仕事を始め、軌道に乗ったら独立するというプランを立てている人が少なくない。たとえばリクルート就職みらい研究所が二〇二三年大学・大学院卒業生に行った調査では、入社後に起業・副業・兼業をしたい（または続けたい）という人が合計で三五・七％と、三分の一を超えている。

副業での起業が専業としての起業にプラスとなることを示す研究結果（注16）もあることを考え合わせれば、今後は副業からの独立が大きな潮流になる可能性がある。

［シナリオ３］雇用されて働く自営型社員が増加する。

メンバーシップ型またはジョブ型で働く社員のなかから、仕事の内容や本人の能力などを勘案しながら、まとまった仕事を任せる自営型へ徐々に移行していく。あるいは自営型社員を別枠で採用するか、メンバーシップ型で採用した後に、一定の年数がたてば自営型社員に切り替えていくというパターンもありうる。ちなみに第四章で紹介したとおり、調査結果では自営型が取り入れられる可能性が高い職種として、「人事・総務」「研究開発」「営業・マーケティング」などの職種をあげる企業が多かった。

強調したいのは、自営型は仕事の守備範囲が広く、自律性が大きいのでエンゲージメントも高くなり、一人当たりの労働生産性向上と離職の抑制が期待できることだ。少子高齢化にともなう労働力不足対策と、リテンションへの取り組みを迫られる企業にとって、自営型はまさにうってつけの働き方だといえよう。今後、ＡＩやＩｏＴなどがいちだんと進化し、個人の仕事の幅（守備範囲）がさらに広がるようになれば、組織のなかでも自営型がごく普通の働き方になるかもしれない。

三つのシナリオは、おそらくパラレルに進行していくと予想される。

これらのシナリオは、いずれも楽観的すぎるように感じられるかもしれない。たしかに現時点では独立自営はもちろん、自営型社員への移行も望まない人のほうが多いだろう。

しかし考えてみてほしい。第一章で紹介したとおり、日本人のエンゲージメントは世界最低水準である。また松山一紀が二〇一六年に全国の「上司がいる部下」一〇〇〇人（二二〜六〇歳、平均年齢三九・二歳）を対象として行った調査では、「この会社でずっと働きたい」という回答は二五・四％にとどまるいっぽう、「変わりたいと思うことはあるが、このまま続けることになろう」という回答は四〇・五％に達した。（注17）要するに日本企業の社員は大半が、積極的にいまの会社で、いまのような働き方を続けたいと思っているわけではないのだ。

対照的に同じ日本人でも、フリーランスのエンゲージメントは欧米に遜色ないほど高い（第六章）。にもかかわらず現状維持にこだわり、自営型で働こうとしないのは、総合的に見て「変わらないほうが得」だからである。露骨にいえば、損得勘定が志にブレーキをかけているのだ。もちろん「損得」のなかには経済面だけでなく、生活の安定や、肉体的・精神的な負担なども含まれる。それらをひっくるめて「変わらないほうが得」だと判断されているわけである。

では、何が彼らの損得勘定を左右しているのか？

それは、大半が制度的要因である。その制度は工業社会の時代に設けられた、あるいは工業社会の存続を前提にしたものだ。企業のなかでは正社員を優遇し、庇護する共同体型組織、メンバーシップ型雇用とそこから派生した人事制度や福利厚生制度。社会的には雇用労働者、とりわけ正社員として働くことが有利になる年金、税制、労働法、その他各種の法制度、政策などがその内容である。

第三章で述べたように、IT化やソフト化に象徴されるポスト工業化の時代を迎え、工業社会の常識だった「規模の経済性」は働きにくくなった。逆に「規模の不経済」や「制度の不経済」が働く場面が広がってきた。しかもAIの急速な進化などを見ればわかるように、その動きは加速度的に進むと予想される。そのなかで現状維持や既得権擁護を図ろうとしても限界があるのは明らかだ。

しかし、だからといって安易な欧米追従に走り、ジョブ型導入の道を選ぶのでは、せっかく訪れた日本復活のチャンスをみすみす逃すことになる。

いずれにしても制度を変えられるのはリーダー、すなわち企業の内では経営者、外の社会では政治家や官僚、そしてオピニオンリーダーたちである。日本の未来は彼らの先見の明とリーダーシップにかかっているといってよい。

（注1）E・F・ヴォーゲル〈広中和歌子・木本彰子訳〉『ジャパンアズナンバーワン』TBSブリタニカ、一九七九年
（注2）同右、一七三頁
（注3）太田肇『日本的人事管理論―組織と個人の新しい関係』中央経済社、二〇〇八年、第三章
（注4）野口悠紀雄『リープフロッグ―逆転勝ちの経済学』文藝春秋、二〇二〇年
（注5）同右、五六～五八頁
（注6）A・O・ハーシュマン〈三浦隆之訳〉『組織社会の論理構造―退出・告発・ロイヤルティ』ミネルヴァ書房、一九七五年
（注7）太田肇『選別主義を超えて―「個の時代」への組織革命』中央公論新社、二〇〇三年
（注8）中根千枝『タテ社会の人間関係』講談社、一九六七年
（注9）太田 前掲、二〇二二年（b）、五〇～五二頁
（注10）I・イリッチ〈東洋・小澤周三訳〉『脱学校の社会』東京創元社、一九七七年、四四頁
（注11）2012/2013 KENEXA WORK TRENDS REPORT
（注12）日本生産性本部「労働生産性の国際比較」。値は二〇二一年
（注13）福武直『日本農村の社会的性格』東京大学協同組合出版部、一九四九年
（注14）同右、八九頁
（注15）二〇二三年六月一九日付「日本経済新聞」夕刊
（注16）熊田和彦「起業における副業経験の効果―副業起業に着目した実証研究」『日本労務学会誌』第二四巻第一号、二〇二三年六月
（注17）松山一紀『次世代型組織へのフォロワーシップ論――リーダーシップ主義からの脱却』ミネルヴァ書房、二〇一八年、一〇四～一〇五頁

あとがき

「ジョブ型」という言葉の呪縛はすさまじい。「メンバーシップ型からジョブ型へ!」の大合唱に押され、経営者や人事担当者の視線はジョブ型雇用導入の一点に注がれている。ただ、いざ導入を図ろうとすると日本企業、日本社会の枠組みに納まらないことがわかってくる。それでも「日本式ジョブ型」だとか「ハイブリッド型」などと名づけ、換骨奪胎してでも無理やりジョブ型の範疇に納めようとする。まるで強迫観念にとりつかれているかのようだ。

ところが世界を見渡すと、ジョブ型とはまったく異なる働き方が広がっている。雇用か自営かといった分類を超越し、半ば自営業のように一人でまとまった仕事をこなす働き方だ。本書では、それを「自営型」と定義した。注目されるのは、そのルーツが産業革命以前と古いにもかかわらず、ＩＴの力を借りてシリコンバレーをはじめ時代の最先端とされる地域で急速に存在感を増していることだ。

海外だけではない。わが国でもマスコミやジャーナリズムのかまびすしいジョブ型移行論をよそに、仕事の現場では自営型が着実に浸透している。すでに紹介したとおり、日本のフリーランス人口はこの四、五年で一・五倍に増え、一五〇〇万人を超えたという統計がある。しかも本書で強調したように自営型で働く人にとって雇用と自営の境界線は薄れており、社員のなかにも自営型がかなり浸透している。したがって実際に自営型の働き方をしている人は、すでに一五〇〇万人という数字をはるかに上回っているはずだ。「自営型」という名称がまだ流布していないため、本人も、周囲も、社会も認識していないだけである。

日本の労働生産性や国際競争力は、低落傾向に歯止めがかからない。また日本人の仕事に対する熱意は世界最低レベルだ。しかし、同じ日本人でもフリーランスの熱意は欧米と比べても遜色ないほど高く、フリーランスと自営型社員は、いわば地続きである。繰り返し述べたように自営型は日本の組織風土、社会風土に根ざした働き方だといってよい。そしてAI時代、VUCAの時代にフィットした働き方なのである。

私はこの数年、国内外でフィールドワークを重ねるいっぽう、学会や講演、新聞・

ウェブ記事などで自営型の普及が企業と個人、そして日本社会にとってもいかに望ましいかを説いてきた。すると自営型という働き方に関心を抱く人が徐々に増え、最近は賛同する声や、実際に導入して成果があがったという声がたくさん寄せられるようになった。それが私にとって、本書を執筆する大きなモチベーションになった。同時に、「言い出しっぺ」として世の中に届ける責任を感じている。

産業革命以来、初めて人間が仕事の主役として働ける時代がやってこようとしている。わが国がこのままメンバーシップ型で衰退の道を歩み続けるのか。ジョブ型で欧米の後を追い続けるのか。それとも自営型で世界をリードするチャンスを生かせるのか。いま、まさにその岐路に立っている。

謝辞

本書が上梓されるまでの過程では、多くの方々に多大なご協力をいただいた。聞き取りに快く応じてくださった国内外企業の経営者・マネジャー、起業家、現場で働く人たち、それに学会や研究会などの機会に貴重なコメントや情報をいただいた研究者や実務家のみなさまには厚く御礼申しあげる。またフィールドワークやウェブ調査の実施に当たっては、日本学術振興会ならびに同志社大学から支援を受けた。そしてプレジデント社、書籍編集部長兼書籍販売部長の桂木栄一氏と書籍編集部の岡本秀一氏にはたいへんお世話になった。心より感謝の意を表したい。

二〇二三年八月

太田　肇

著者略歴

太田 肇（おおた・はじめ）

経済学博士。同志社大学政策学部教授（大学院総合政策科学研究科教授を兼任）。

兵庫県出身。日本における組織論の第一人者として著作のほか、マスコミでの発言、講演なども積極的にこなす。また猫との暮らしがNHKで紹介されるなど、愛猫家としても知られる。近著は、『何もしないほうが得な日本 ―社会に広がる「消極的利己主義」の構造』（PHP新書、二〇二二年）、『日本人の承認欲求 ―テレワークがさらした深層』（新潮新書、二〇二二年）、『同調圧力の正体』（PHP新書、二〇二一年）、『「承認欲求」の呪縛』（新潮新書、二〇一九年）。著書の文章は大学入試問題などに頻出。

『プロフェッショナルと組織』で組織学会賞、『仕事人と組織―インフラ型への企業革新』で経営科学文献賞、『ベンチャー企業の「仕事」』で中小企業研究奨励賞本賞を受賞。ほかに著書三〇冊以上。

「自営型」で働く時代
―ジョブ型雇用はもう古い！―

2023年11月4日　第1刷発行

著者　太田 肇
発行者　鈴木勝彦
発行所　株式会社プレジデント社
〒102-8641
東京都千代田区平河町2-16-1
平河町森タワー13階
https://www.president.co.jp/
https://presidentstore.jp/
電話：編集（03）3237-3732
販売（03）3237-3731

装幀　仲光寛城
編集　桂木栄一　岡本秀一
制作　関 結香
販売　高橋 徹　川井田美景　森田 巌
末吉秀樹　庄司俊昭　大井重儀
印刷・製本　TOPPAN株式会社

ISBN 978-4-8334-2513-1

Printed in Japan